CHILDREN MOM

让孩子乖乖听话，妈妈有办法

汤维◎著

科学技术文献出版社
SCIENTIFIC AND TECHNICAL DOCUMENTATION PRESS
·北京·

图书在版编目（CIP）数据

让孩子乖乖听话，妈妈有办法 / 汤维著 . — 北京 ：科学技术文献出版社，2020.9
ISBN 978-7-5189-4175-9

Ⅰ . ①让… Ⅱ . ①汤… Ⅲ . ①幼儿教育—家庭教育 Ⅳ . ① G781

中国版本图书馆 CIP 数据核字 (2020) 第 083550 号

让孩子乖乖听话，妈妈有办法

策划编辑：王黛君　李佳铌　责任编辑：吕海茹　责任校对：张吲哚　责任出版：张志平

出 版 者　科学技术文献出版社
地　　址　北京市复兴路 15 号　邮编　100038
编 务 部　(010) 58882938, 58882087 (传真)
发 行 部　(010) 58882868, 58882870 (传真)
邮 购 部　(010) 58882873
官方网址　www.stdp.com.cn
发 行 者　科学技术文献出版社发行　全国各地新华书店经销
印 刷 者　天津中印联印务有限公司
版　　次　2020 年 9 月第 1 版　2020 年 9 月第 1 次印刷
开　　本　710 × 1000　1/16
字　　数　166 千
印　　张　14
书　　号　ISBN 978-7-5189-4175-9
定　　价　49.00 元

前　言

适合中国父母的亲子沟通术

我们为什么希望孩子“听话”？这是有历史渊源的。

我国古代的社会结构强调“君为臣纲、父为子纲”，家庭中“长兄为父、长嫂为母”，而“多年媳妇熬成婆”更是一代代屠龙的勇士最终变成恶龙的故事。

这种专制型的育儿方式，父母只需要发号施令就行了，当然轻松了。这类育儿理念关注“孩子是不是听话”——听话就行，别给父母“找事”，“找事”就会被打和罚，直到孩子听话为止。

如果有精力和时间，就多管管，甚至事无巨细地管；如果没有精力和时间，就只管原则问题，只要别伤害别人家的财物和人员，别自己发生意外，其余的都不管。

训练系养育

我国一直很重视幼学童蒙，把孩子留在身边养育，但是欧洲社会则不尽相同。在 17 世纪末之前，孩子刚生下来的最初几年，父母与之玩耍就像与动物玩耍一样；随后，儿童很早就会离开双亲，通过学徒制获得教育，在帮成年人干活中掌握所需的知识。

17 世纪末，欧洲学校教育的发展，让孩子得以留在父母身边，并构建以孩子为核心的家庭。当时，为了帮助家长更好地管理和教育孩子，涌现出大量的《童蒙手册》，指导儿童和年轻人如何正确地说话、与人打招呼、回答问题等一系列具体的教条。

直到 19 世纪前期，美国还在官方倡导训练式育儿。

作为行为主义者观点的创始者，1920 年，约翰·华生（John Watson）曾做过一个“恶名昭著”的小阿尔伯特实验。

在这项研究中，华生将这个 9 个月大的婴儿，小阿尔伯特，放在有小白鼠和其他毛茸茸的物体上，让他自由玩耍。然而，只要小阿尔伯特一接触小白鼠时，华生就会立刻用锤子敲打铁棒发出巨大的噪音。经过一系列的条件试验后，华生重新在小阿尔伯特的身边放置了动物和毛茸茸的物品——现在，不需要他们再发出任何可怕的声音，曾经令这名小婴儿充满欢乐和好奇心的动物和物体，现在却让他瑟瑟发抖。

尽管这一实验激起了强烈的伦理学争论，但约翰·华生却借此发展出一套自己的育儿理论，其中关于“爱和情感”的建议在后来广受诟病：

“让您的行为始终客观，友善。永远不要拥抱和亲吻婴儿，永远不要让他们坐在你的腿上。如果需要，当他们说晚安时，在额头上亲吻一次。早上与他们握手。如果他们在一项艰巨的任务中做得非常出色，请轻拍他们的头。”

约翰·华生作为时任美国心理学会的主席，参与编写了给美国父母进行育儿指导的手册，让这类内容得到大量传播。现在想起来，真是令人不寒而栗。

从训练到爱的养育

直到 1958 年，美国心理学家哈利 • 哈洛（Harry F. Harlow）关于“爱的本质”的实验，才推翻了约翰 • 华生的育儿理论。

哈洛发现，如果将刚出生的恒河猴（与人类基因相似度为 95%，是最接近人类婴儿的动物）放在笼子里，这些小猴即使得到了充足的营养，但在裸露的铁丝网笼地板上却无法生存超过 5 天。

哈洛根据人体工程学原理设计了两个“代母”：一位像真正的猴子妈妈的绒布妈妈，它温暖、柔软而耐心，但却不提供食物；另一位是金属丝网妈妈，她温暖但裸露出金属丝，同时为小猴子们提供食物。在连续 165 天的测试中，小猴子们虽然会去金属丝网妈妈那里获得食物，但更愿意和绒布妈妈待在一起。

当向这些小猴子们展示恐惧刺激时，他们会躲在绒布妈妈的背后获得安全感；但如果笼子里只有金属丝网妈妈，他们则会四处逃窜，充满焦虑。

哈洛的实验震惊了全世界，学者们和父母们纷纷开始反思以往所倡导的训练和专制养育，并将目光投向了基于爱和尊重的养育。

现代育儿理念的诞生和兴起

19 世纪 60 年代末，哈洛的一系列实验强有力地撼动了行为主义理论在育儿方面的地位。就连美国心理学会出版的育儿指导手册都有问题，那父母到底该如何育儿呢?

这时候，曾经和弗洛伊德共事，强调“不能将一切都归咎于过去”的阿尔弗雷德 • 阿德勒（Alfred Adler）和他的弟子鲁道夫 • 德瑞克斯（Rudolf Dreikurs）所创立的“阿德勒心理学”进入了父母的视野，并和现代心理学中人本主义的创始人卡尔·罗杰斯（Carl Rogers）的理论一起，一跃成为指导育儿方法的理论基石。

19 世纪 70 年代后，简·尼尔森（Jane Nelsen）基于上述两大理论体系创立了正面管教（Positive Discipline, PD）。个人认为，正面管教是目前商业化做得最好的主流育儿理念，不仅在全世界都很有影响力，而且在家庭和学校两个不同的教育环境中都有很好的应用。

实际上，正面管教仅仅是全球范围内主流育儿方式之一。

19 世纪 80 年代后，全球范围内又涌现出一系列育儿方式，包括美国政府正在各州大力推行的积极教养（Active Parenting），以及澳洲推出的积极育儿计划（Positive Parenting Program, Triple P）项目等。

卡尔·罗杰斯的大弟子、非暴力沟通（N.V.C.）创始人马歇尔·卢森堡博士的师兄、《如何说孩子才会听，如何听孩子才会说》（*How to Talk so Kids Will Listen and Listen so Kids Will Talk*）的作者伊莱恩·玛兹丽施（Elaine Mazlich）的师叔、P.E.T. 父母效能训练的创始人托马斯·戈登（Thomas Gordon）曾经列举了九种主流的育儿方式，并将其划分为三类。

第一类是适用于所有关系的育儿：非暴力沟通、父母效能训练（P.E.T.）。

第二类是基于民主理念的育儿：正面管教；积极教养；有效的育儿系统培训（Systematic Training for Effective Parenting，S.T.E.P.）；如何说孩子才会听，如何听孩子才会说。

第三类是基于专制理念的育儿：爱和逻辑（Love and Logic）、积极育儿计划以及提倡体罚的敢于管教（Dare to Discipline）。

这些育儿方式都有理论支撑，也有具体的工具和方法。但可惜的是，大多数中国父母都没有学习过基于现代心理学研究的系统育儿理念和方式。

进入中国的“亲密育儿”理念

1993年，西尔斯医生所著的《西尔斯亲密育儿法》首次付印，于2009年引入中国后得到了广泛的传播，并逐渐深入人心。这本书能在中国父母心中扎根，和我国的育儿土壤有着密切的关系。

首先，父母有了更多的精力和金钱集中投入到单个子女的养育。在国内推行独生子女政策，强调“优生优育”的重要性时，父母会认为对单独的子女投入再多也不嫌多，从而开始了从放养到圈养的转变。

其次，西尔斯的育儿理念符合国内部分观念。西尔斯提倡背巾法，基本就是过去养育一直在用的。农村妇女带娃，基本都是靠背巾把孩子背在身前身后，再大点就把孩子放箩筐里，背到田里去干活。西尔斯提供了“让宝宝健康不生病”的方法，并在随后两章中告诉父母如何进行婴幼儿常见医学问题的家庭护理、常见紧急状况的急救和处理方法等，对中国父母来说是很实用的。那时候大家都觉得小病就在家忍忍，去医院的都是大病。作为一本几乎包含了养育方方面面的育儿书，当然会受到欢迎。

第三，西尔斯的经历成为令人信赖的背书。西尔斯是一名美国的儿科医生，他的妻子是一名护士，两人共同养育了八名孩子，这在国人看来，可比什么听起来飘忽但会被人质疑的“××专家”更令人信服。

实际上，随西尔斯亲密育儿共同在国内兴起的，还有诸如《爱与自由》之类的育儿书——不难看到，这类书的畅销都反映出父母开始质疑过去的育儿理念时，所容易走向的另一个极端。

但我也要特别提醒的是，某些为了批判而进行的批判——例如有人批判西尔斯全是“亲密”，全然无视了西尔斯在书的一开头就强调“制定规则”，同时在第23章对常见但恼人的幼儿行为进行了诸多管教等。

商业营销所带来的育儿焦虑

抛开国人对于阶层固化的焦虑、希望孩子能通过教育实现阶层跃迁不谈，我所看到的是，很多商业营销也在加剧父母的养育焦虑。

比如，国内的正面管教常常开设体验课，有的讲师为了增加对父母的震撼效果，第一节课就设置“丛林”这种高压力的项目。这个项目的压力有多大呢？

扮演父母的学员站在围成一圈的凳子上，用平时呵斥孩子的语言持续呵斥孩子；而扮演孩子的学员则挨个走过“父母”面前，他们永远只说一句话——我是个孩子，我需要价值感和归属感——也就是任何不良行为背后的根本动机。

基本上，“孩子”走完一圈，有的“父母”就开始哭。项目要求走两圈，两圈下来，教室的气氛凝重得像铅块，甚至绝大部分学员都当场情绪崩溃大哭。但是，这些获得满满内疚和自责的父母就此走了，并再也没有回来过。

当然，正面管教至少后续会提供工具和方法，让父母进行完整的学习；但是很多自媒体就只是日复一日地大谈焦虑，最后的建议也是蜻蜓点水或者趁机推出产品。

如此营销，父母能不焦虑吗？自己不看这种焦虑文章，还得接受别人好心转发给你的焦虑文章，真是一言难尽。

适合中国父母的亲子沟通术

目前国内对家庭教育的研究非常缺乏，高校培养出的人才基本都是学校教育口的，而针对 0~3 岁的养育更少，最低龄的也是针对 3~6 岁的学前教育，旨在培养幼儿园的师资力量。这也就直接导致了目前针对 0~3 岁亲子沟通的研究相对比较缺乏。

从“孩子就得听话”到给予孩子“爱和自由”，再到反思“自由的边界”——并不断探索到底管什么？怎么管？要不要管？管得好不好？要平衡好“哪里是规则，哪里可以放手”，是对父母处事智慧的考验。

2017 年，我赴美修习了积极养育课程，2019 年我又成为美国正面管教协会注册讲师。自从我成为全职妈妈以来，在过去的五年中，不依靠老人或者育儿嫂，自己在家养育了两个男孩——哥哥小萌和弟弟小乖。尽管两个孩子性格迥异，但任何见到他们的人都会惊讶地说：天哪！为什么会有这么听话的孩子？

我将自己所学习到的养育理念和实践记录在知乎上，成为连续三年的儿童教育话题优秀回答者，并于 2019 年获得了知乎荣誉会员。此外，我还长期为《幼儿教育》《父母世界》等期刊和杂志撰稿，应邀成为心喜阅童书的特约撰稿人，并在全国早教讲座上向更多 0~3 岁孩子的家庭分享了有效的亲子沟通方法。

在此，我想将自己过去五年来的学习心得和经验集结成册，希望能帮助中国孩子的家长。

目 录

CONTENTS

第四章　孩子不听话时，父母该怎么办

第五章　亲子沟通实战篇

第一章 孩子为什么不听话

在我们希望孩子“听话”之前，不妨想一想，为什么孩子不听话？是因为他达不到我们的要求，还是他们不想听话？

第一节
正常的发展阶段

从嗷嗷待哺的婴儿成长到拥有独立自我意识的成人，这一过程是多么神奇！

俗话说，“冰冻三尺，非一日之寒”，孩子的成长也并非瞬间的变化，而是会经历很多次螺旋上升的过程。在本章中我们将了解到孩子发展的正常阶段，以及这些阶段孩子表现出的令父母感到困扰和烦躁的行为。

只有先了解了孩子的发展阶段，我们才能更好地辨别，到底是他们故意不听话和我们对着干，还是仅仅在探索自己的世界和成长。

0~1 岁：我在成长，我想玩

很少有父母会说 0~1 岁的孩子不听话，因为大多数人早已意识到婴儿的稚嫩，他们甚至难以理解成人的语言，更别提听从父母的指导或教诲。

但是，如果你希望孩子以后能听话，现在正是最好的准备阶段！

婴儿通过观察和学习成人，如何照料他们的饮食起居，回应他们的各种需求，从而形成良好的依恋关系、安全感和信任感。这一切，正是构建良好的亲密关系和亲子沟通的基础！

第 1 个月

特征：宝宝做得最多的事就是睡和哭了，除此之外他们的小手握得紧紧的，偶尔会发出咿呀的声音。

喜欢的事：贴身拥抱（皮肤贴紧皮肤），以蜷缩的姿态被抱着，饿的时候能及时吃奶，眼神的交流，听到爸妈熟悉的声音，听到类似子宫里妈妈的心跳声。

亲子互动

刚生完宝宝的第 1 个月，妈妈一般都在坐月子，需要好好休息。此时爸爸可以参与到育儿中来，比如脱掉上衣和宝宝贴身拥抱、唱一些有节奏感的歌曲、朗读韵律感强的儿歌都会让宝宝感到很开心（哪怕只是你随口编的打油诗，也会成为将来安抚宝宝时非常有用的工具）。

注意说话时语调要缓慢、有节奏感、夸张（升调、拖长尾音）、脸部表情要活泼（张大眼睛并咧嘴露出牙齿笑）。我先生在做上述行为时，小萌会很快安静下来，并且小萌在日后的成长中明显表现出对他的依恋。

妈妈们可以轻轻抚摸宝宝的手背，帮助宝宝松开小拳头——这是宝宝在接下来几个月发展精细手部动作的基础。

可以给宝宝展示黑白对比强烈的图片，粗大条纹的图案，放在离宝宝眼部 15~25 厘米处，促进宝宝视力的发育。

妈妈在喂奶的时候，认真地注视宝宝，微笑着和宝宝四目相对，能培养起你们最初的亲密关系：宝宝的视力刚好能让他在吃奶时看清妈妈的脸，多么神奇！此时，不论他发出什么声音，都模仿他发出的声音及时回应他，能鼓励宝宝发出更多的声音。

只要在和宝宝互动，例如洗澡、换尿布、脐带护理，等等，都要向宝宝描述自己在做什么，以及此刻的想法。不要认为宝宝听不懂就沉默，从出生开始，宝宝所听到的声音都会成为他将来说话时的素材。

这个月要让宝宝多趴着（3~5 分钟），从 1 分钟逐渐增长到 10 分钟左右，锻炼后颈的力量。小萌经过爸爸的特训（也可能只是遗传基因的缘故）在月子里就能从仰卧翻成侧卧了。

第 2 个月

特征：两个月的婴儿已经开始发展自己的社交与情感了，他们会从模仿性的微笑发展到第一次自发的微笑，可能将手指放到嘴里吮吸来获得暂时的平静，他们会看着父母并发出咕咕或者咯咯的声音。这一阶段的孩子已经可以注意到父母的脸，并且开始用眼睛跟随事物的移动。如果他所看到的一切都毫无变化，他感到无聊时，就会变得挑剔甚至哭泣。

喜欢的事：贴着爸妈的身体，看色彩鲜艳的玩具和黑白分明的图案，听音乐（一般是古典音乐），听到聊天的声音，抚触或按摩，躺在爸爸的胸口上。

亲子互动

这时候可以让宝宝看悬挂的玩具啦，也许他们还会试图伸出手去拉。当风吹过摇铃发出声音，或者家人在聊天时，宝宝会把头转向声音的来源——这时候，不要忘记对宝宝微笑，并且用夸张的口型、脸部表情和手势跟宝宝打招呼。

这个时期我们特别喜欢在小萌眼前走来走去，或者左右移动手指，看他从目光追视逐渐变成眼睛和头一起移动的追视。

这个月大多数宝宝都会露出第一次回应你的微笑，这种笑容会因为你积极的回应（例如对视着笑出声音、说出升调的词汇或短语、亲亲或者抱抱他）而越来越多。我们常说眼睛是心灵的窗户，记得和宝宝说话时要看着他的眼睛，先叫宝宝的名字，再用活泼的语调说出简单、拉长尾音的句子（例如小——萌——真——乖——）。

在这个阶段，就不只是单纯地对宝宝说你在做什么了，记得给宝宝留出时间，让他能用简单的“啊、哦”来回应你的提问或者描述，并且及时地给予他鼓励。给宝宝读书，任何内容都可以，爸爸曾经对着小萌读了一个月的汽车说明书，也是醉了……

放音乐给宝宝听也是不错的选择。留意观察宝宝的讯号，如果随着音乐挥手或者摆动，或者露出笑容，说明他喜欢这样的音乐。

有一次，我自己带娃累得坐不起来了，于是和小萌对视躺着，发明了“抓小萌”的游戏：伸出自己的手掌放在宝宝面前，宝宝会好奇地试图去触摸，只要他触摸到手掌，立刻快速地抓住他的手，并且一边轻轻摇动他的小手，一边开心地念道“抓小萌、抓小萌、抓到了、真开心！”这个游戏能够鼓励宝宝做出更多的抓握动作。

另一个游戏是“怪兽来啦”。用手指像走路似地在宝宝的身体上行进，告诉宝宝“怪兽走到小胳膊啦，现在是小肩膀啦！”这个游戏能促进宝宝的触觉发育，也是在告诉宝宝身体各器官的名称。

还有一个很简单的游戏“小萌和妈妈”。让宝宝躺着，大人的脸凑在他面前，用他的双手接触他小脸的时候，有节奏地喊“小萌、小萌”，然后用他的双手接触妈妈的脸，有节奏地喊“妈妈、妈妈”。这是帮助他了解谁是小萌、谁是妈妈。到第3个月的某一天，小萌忽然喊了两次“ma ma”，确实是个惊喜！

本月继续让宝宝趴着，逐渐从10分钟延长到15分钟，宝宝能把头抬得更高了。

第3个月

特征：宝宝已学会用手玩。小手能完全张开，并且打不到目标似的到处挥舞，能更长时间进行抓握，开始抓头发、眼镜和衣服，开始吃手。能发出“a，o，e”等元音，能高声尖叫，学会因果关系，用哭和笑来确认爸妈是否做得对。

喜欢的事：趴在你的肩膀上往后看，各种玩自己的手（挥、吸、抓、打、握），喜欢半竖直地坐起来，用手击打挂着的玩具，握住圆环玩耍，趴着拍打床板。

亲子互动

轻轻抓住宝宝的小手贴在自己的脸上，观察他开心的表情。这个阶段宝宝非常会抓东西，妈妈们一定要把头发扎起来，眼镜收起来。当时我给了小萌一个可以啃的蓝色塑料环，小萌对此爱不释口，各种啃咬玩，以至于到了第5个月的时候，小萌看到蓝色的物体，第一反应还是立即开啃。

可以和宝宝并排躺着，从一侧逗他，促使他转过头来；或者让宝宝靠着你的身体，半竖直地玩玩具。本月我先生发明的游戏叫“击掌”：伸出一只手掌到小萌面前，趁小萌也伸出一只手时，迅速地怕打过去，并且高兴地喊“give me five！”这个游戏能促使小家伙主动伸手去够爸爸的手掌。

到第3个月时，除了红色警报类的尖叫和哭喊需要及时回应，可以开始先用“宝贝乖、妈妈就来”类似的语言安抚他，接下来再赶过来查看和处理问题。

第3个月时，宝宝能发出更多的声音了，可以用最简单的词汇重复地说，例如我先生曾经用了《甩葱歌》的曲调唱歌，歌词是“爸爸爸爸爸爸爸爸……”结果小萌第3个月就会叫“ba”，第5个月就叫了“baba”。

可以让宝宝趴在床上，爸妈蹲下来与他四目相对，促使宝宝抬头注视你。本月产后体力逐渐恢复的我发明的游戏是“翻滚小萌”：让小萌趴在自己的胸口，双手圈住他的身体，左右缓慢翻滚。这个游戏有助于锻炼宝宝的平衡感，当他趴在胸口时也会主动抬头和妈妈四目相对。

宝宝可能会出现肠痉挛的迹象，这时候，让宝宝的肚子趴在爸爸的一只手臂上，双腿自然下垂，手托住宝宝的下巴，这个姿势会让宝宝感觉很舒服，我们称之为“单手托萌”。

当妈妈感到疲惫时，可以让宝宝趴在胸前，然后猛然抬头和宝宝四目相对，并伴随发出欢快的声音——这个简化版的“捉迷藏”会让宝宝笑个不停。

第3个月的宝宝开始会随着音乐摆动身体了，特别是节奏感强的音乐（注意放摇滚歌曲时声音不要过大）。在爸妈的积极回应下，宝宝已经开始能发出长音，如“嗯——嗯嗯嗯——”。

记住留出宝宝回应你的时间，鼓励他说更多的话！

本月除了让宝宝趴着以外，还可以用双手撑住他的小脚掌，鼓励宝宝蹬腿往前扑。

第4个月

特征：宝宝的目光能准确地追随移动的物体，头抬得更高啦。能发出变化的元音，例如“a-o”，开始有痒痒肉啦，能展开双臂希望被拥抱，喜欢喷口水和吐泡泡，开始对自己的名字有回应。

喜欢的事：邀请父母和自己玩，玩手指，喜欢抓圆环和摇铃，喜欢被竖着抱获得更好的视野。

亲子互动

当宝宝的视力变得越来越好时，可以开始和他玩更多的游戏啦！本月我先生发明的游戏叫“抓爸爸”：伸出一只手指到小萌面前，鼓励他抓住手指，一旦抓住，给予亲吻和拥抱的奖励。这个游戏能锻炼宝宝抓握的能力，提高他对于空间和距离的感知。

我则喜欢和宝宝玩各种玩具：给他4厘米见方的积木，一手一个，观察他玩积木（当然，最终难免被他塞进嘴里）；给他摇铃，并且用自己手中的摇铃去碰他手里的摇铃。

我发明的“小汽车”游戏：抓住小萌的双手，先是原地摇动，接下来跟着儿歌一起上下左右地伸直，唱道：“小汽车，嘀嘀嘀！向左开，向右开，向上开，向下开。”

观察小家伙喜欢把手伸到哪个方向，可以多重复几次。当然，还可以音乐玩耍，放一段音乐，根据歌词，让小家伙开始跳舞和扭动（我先生还曾捏着小萌的手和脚让他打了一段16式太极拳）。这个游戏大人特别容易嗨，特别提醒大家，要注意凝视宝宝的眼神，一直对他笑，念儿歌时尽量把尾音拉长。一旦注意到宝宝累了或者不感兴趣了，就可以停止了。

宝宝开始发出各种声音，爸妈们也可以给宝宝更多的声音来源，比如游戏“动物声音”：小鸭子，嘎嘎嘎；小小鸡，叽叽叽；小羊羔，咩咩咩；小狗狗，汪汪汪；小猫猫，喵喵喵……爸妈们可以自创各种动物和大自然的声音，以童音的方式朗读，这些有意义的声音会让小家伙笑得咯咯咯。

这个月可以把双手放到宝宝的腋下承重，让宝宝用几秒时间感受一下站起来的快感；也可以扶着宝宝坐起来几秒，在要倒下时，宝宝会伸出手撑住地面，这也是促进他逐渐建立起平衡感和自我保护意识的训练之一。

可以让宝宝坐在沙发的拐角处，注意清除周围不安全的硬物，然后尽可能地垫上各种抱枕和枕头，让宝宝安全地练习“坐—倒”的过程。在双手拉宝宝坐起来的过程中，也可以通过数“1、2、3”的方式，让宝宝有所准备，拉坐的过程可以放缓，既锻炼宝宝的肌肉力量，也能让你们俩都开心地笑个不停。

第 5 个月

特征：宝宝能准确地用手接触物体，会翻身，趴着时胸和肚子能撑离地面，能用一只手抓东西，会把东西从一只手倒到另一只手。能发出“baba”等他还不知道准确意义的声音，试着模仿大人的声音和动作。能辨认物体形状。

喜欢的事：观察嘴唇的变化，手脚并用地玩，挤压玩具发出声音。

亲子互动

本月宝宝自己趴着的时候会上下扑腾，可以在他前方放一个玩具或者咬咬胶，吸引他往前去够，促进他将来学会爬行。

宝宝开始学会自己玩了：小萌在仰卧的时候，喜欢弯曲身体，用手抓住自己的小脚丫啃。有的连裤袜将袜子部分设计成色彩鲜艳的小动物，更是会促使宝宝去够自己的小脚。尝试将一个玩具放在宝宝侧面，逗引宝宝翻身。不少书上都推荐开始玩积木。在此提醒大家，积木的边长最好能在4厘米以上，且是木质的、边缘光滑、材料无毒的。

除此之外，我们还喜欢和小萌玩以下游戏。

“Rolling 萌”：让宝宝俯卧趴在你的肚子上，与你的躯干垂直，然后慢慢地前后滚动他的身体，也能帮助宝宝促进脑干发育，培养平衡能力。

“捉迷藏”：用手盖住脸，然后忽然移开手掌，让脸出现在宝宝眼前，并大呼“哎呀，是爸爸 / 妈妈！”当然，如果有体力，也可以躲在沙发、窗帘背后突然跳出来，用夸张的语调说话，通常会让宝宝哈哈大笑（不推荐和小月龄的孩子玩，孩子可能被吓得哇哇大哭）。

我先生发明的“拔河”游戏：将纱布巾的一头递给宝宝抓住，自己抓住另一头，轻轻拉扯，偶尔松劲让宝宝拉过去，通常也会让宝宝十分开心。

洗澡前后“照镜子”：宝宝通常很喜欢看镜子里的自己在动。

我最爱的“挠痒痒”：宝宝开始有痒痒肉啦，轻轻揉捏宝宝脖子附近、腋下、腰侧、大腿和手心脚心的皮肤，通常会让你俩都哈哈大笑。帮助宝宝趴着往前扑的游戏可以继续，也可以教宝宝翻身的“技术动作”。

除了抱着宝宝去指认各种物体的名字外，还可以抓着宝宝的小手，鼓励他去触摸不同材质的物体，告诉他什么是光滑、粗糙、舒服、薄、厚，等等。

可以抱着宝宝去了解因果关系：例如鼓励他用小手去敲打安全的顶灯开关，从而了解开关和灯的明暗之间的关系。

本月我们已经让小萌系上安全带，坐在自己的餐椅里和我们一起吃饭了。当我们吃饭的时候，他就抓住自己餐盘上按键会发音的玩具玩，或者抓住咬咬胶和积木一通狂啃（出牙期喜欢啃东西），当他对我们的食物表现出兴趣时，我们会给他塑料的勺子让他敲击桌子或者啃咬。

这个月可以给宝宝讲故事啦，但要注意的是，需要你和他面对面地讲故事（随便编故事都可以，比如“从前有座山，山上有座庙”的故事），当他开始聚精会神地凝视你口型变化时，尝试更夸张的口型变化，然后给他时间回应。我先生喜欢在小萌睡前唱一段《新白娘子传奇》的片头曲“啊啊啊，啊啊啊”，小萌有时也能发出同样曲调的“啊啊啊，啊啊啊”，真是令人忍俊不禁！甚至有一次，小萌和他合唱了《千年等一回》的“回”字，悠长而且合拍，真是好玩极了。

这个月继续让宝宝练习坐和趴，很快就能自己保持平衡坐稳了！

第 6 个月

特征：宝宝会坐啦！能准确地够到目标，很会玩积木，能用整只手把东西抓起来，用力扔玩具，滚动圆筒。显示出对颜色的兴趣，能发出更长、更多的声音，能更好地模拟面部表情。

喜欢的事：玩积木、扔东西、坐着玩。

亲子互动

这个月大多数宝宝能自己学会坐了，是对爸妈的一大解放。我习惯在宝宝周围垫上一圈枕头，防止他在最初学坐的时候因为重心不稳而倾倒。

我们开始跟宝宝玩更多玩具，例如三块积木：让小萌一手一只积木，再给他第三只，看他如何去拿。小萌开始喜欢把手里的玩具扔得到处都是，所以我们都让他坐在床中央玩各种玩具，过一会再去统一收拾一下。

从这一刻开始，就要学会给孩子创造安全的玩耍环境，并且让孩子有独立玩的时间了。你要做的是陪着孩子玩，而不是引导孩子玩！如果你试图让孩子用你的方式玩，孩子很快会变得无趣和易怒。

比如小萌玩套圈的时候，我以为他对色彩缤纷的塑料圈感兴趣，谁知他喜欢把圈都扔掉，去玩中间的柱子；又比如我先生希望小萌好好玩按键游戏，但是小萌就是喜欢啃按键……后来，我们学会了观察小萌的玩耍方式，他喜欢什么、努力去做什么，我们主要关注他的安全问题（比如提前垫上垫子并把可能造成危险的东西拿走），在他一直够不着东西并且开始不耐烦的时候再给予帮助，另外还可以告诉他，他正在做什么。

这样一来，小萌自己玩一个游戏就可以玩半个小时。我们也学会了和孩子一起慢下来，从新生命的视角体会不一样的玩法。

当然，爸妈们除了可以继续上面的种种游戏，还推荐玩爬行的游戏：托起宝宝的肚子和小屁股，让他自由地往前扑腾。本月还可以教宝宝把玩具倒手，锻炼他精细运动的技能。

我还喜欢让小萌看拍手，然后抓住他的手，教他玩拍手的游戏，都是大有裨益的。当宝宝望向一个物体，立刻告诉他物体的名称，这种由宝宝主动引发的学习机会，能让他更好地把物体和名字对上号。

第 7~ 第 9 个月

特征：宝宝能爬了，手的抓握能力提高，能扶着东西慢慢站起来，能自己用拇指和食指抓小块食物吃，用杯子喝水，能发出声母和韵母组合的声音（ha,da,ba,ma,di,mu），对自己的名字有反应，能邀请大人来一起玩，能通过词联想到形象和图片，开始认生，面对陌生人会紧张。

喜欢的事：随着音乐蹦跳，捉迷藏和拍手的游戏，韵律和节奏感强的儿歌；追着抓肥皂泡；玩球。

亲子互动

“世界上只有父母的爱是为了分离”。从妈妈的子宫诞生，呱呱坠地变成独立的个体；从爸妈的怀抱里，慢慢扑腾着走向外面的世界……宝宝的成长，是离爸妈越来越远的过程，也是他们越来越独立的过程。

从第 7 个月开始，宝宝就开始主动地离开爸妈的怀抱了。在这个阶段，宝宝的运动能力进一步增强，特别需要爸妈们去创造一个安全的环境供他探索。

爬行：选择一个柔软的玩具或者安抚毛巾（避免倒下时碰到宝宝的头部！我先生曾经把宝宝放在自己胸前坐着，结果宝宝向下倒时重重地撞在他的额头上，两个人的额头各起了一个大包），放在宝宝面前，吸引他往前探身抓取。宝宝为了够东西，会从坐姿逐渐往前探出身体，变成趴着，最终变成准备爬行的姿态。宝宝最初的爬行非常有趣，爸妈们可以拿起手机录下视频。我家小萌最初只是往前扑，他圆滚滚的肚子撑在床垫上，手用力，但是还不会用脚爬——所以尽管他一直试图往前扑，结果却一步步往后挪动。等到宝宝的肚子和小屁股都能脱离地面，把自己拱成一座“桥”，他就会慢慢发展成双手双脚交替爬行的动作。需要注意的是，一开始时宝宝还没办法从爬的姿势恢复成坐姿，所以累的时候会停下来哭，这时候帮宝宝扶成坐姿即可！即使宝宝学不会爬也不要紧，很多妈妈说自己的宝宝到 1 岁还不太会爬，但是已经开始会走了。

障碍爬行：这是爬行游戏的升级版，可以将靠枕放在宝宝和玩具中间，鼓励宝宝爬过去。当然，你也可以自己躺在宝宝和玩具中间，感受小家伙从你身上爬过去的乐趣！

站立：在这个阶段，宝宝能抓住你的手保持平衡，短暂地站一会。一开始小家伙可能站不稳，我家小萌就是扶住我先生的手，膝盖有节奏地弯曲，像是在跳舞一样。记住，这个练习的关键是适度，千万不要勉强宝宝站太久。不久，宝宝就能自己扶着家具站起来了。这时一定要注意安全，因为宝宝可能会突然失去平衡，跌坐在地上，在这一过程中很可能撞到桌子角、沙发把手等等，所以爸妈们要把防撞条准备起来了。

新的玩具玩法：现在宝宝不仅是抓住玩具啃了。他会把递到手里的玩具扔得满地都是（小萌曾经把玩具扔到过自己的身后、身侧、桌前、肚子下面），然后把自己看得见的玩具再捡起来。爸妈们不要因为自己递给宝宝的玩具总被扔掉就丧失耐性，“我扔你捡”正是这个阶段宝宝玩玩具的乐趣所在。除此之外，宝宝还将学会将物品换手的新技能：给宝宝一个圆环或者咬咬胶，他会开始下意识地把玩具从一只手换到另一只手，再换回来。在这个过程中，宝宝的精细运动技能得到了进一步发展。我喜欢和小萌玩“抢玩具”的游戏。这个游戏类似于之前用口水巾拔河的游戏：抓住宝宝握着的玩具往自己怀里拽，你会发现宝宝抓握得更紧了。这时候如果强行抢过来，宝宝会表示抗议。当你再度把玩具拿给他时，你会发现他立刻抓紧了玩具。这个过程表明宝宝开始有记忆了！这也是为什么我认为这个阶段爸妈最好多陪孩子、少玩手机，否则宝宝一旦把你手里的手机当作了自己的玩具，会抓住一切机会和你玩他发明的“抢手机”的游戏。如果宝宝已经开始和你“抢手机”了，可以把手机藏起来，否则总是让他看到手机，又不给他玩，或者从他手里抢走，不利于培养宝宝的自信心。还有积木的游戏：给宝宝几块木质积木，观察他新的玩法。

玩身体：宝宝开始会玩自己的身体了，除了吃手，他还会开始翘起自己的小脚，开始啃脚趾。有一段时间，小萌的袜子总是湿漉漉的。爸妈可以把自己的手洗干净，放在宝宝抓握范围内，宝宝会主动抓住你的手开始啃——这可比你在抱他时，被冷不丁地啃一口鼻子、眼睛和嘴巴要强。小萌会一边吃奶、一边拍我的胸脯，或者拉我的衣服。这是宝宝成长的一部分：他开始用手和口去探索外在世界，而且通过触摸不同的物体，他的触觉也得到了进一步发展。

拔草：西尔斯医生推荐让宝宝到院子里去玩拔草的游戏，当然，首先，你得有个院子。与之相仿的是让宝宝坐在高脚椅或者餐椅上，在面前的餐盘里放一堆入口即溶的小饼干，宝宝会逐渐熟悉用手准确抓握饼干、送入嘴里的过程。也可以煮一碗面条，过凉水以后放至室温，看宝宝的小手如何抓住又软又滑的面条——爸妈得做好心理准备，这个游戏可能把桌子弄得一塌糊涂，但是确实非常有趣。

掏口袋：西尔斯医生说这个阶段的宝宝，会喜欢从爸爸衬衣口袋里面掏出钢笔。相应地，宝宝也会开始抓扯妈妈脖子上的项链了！把一些可供啃咬的玩具放到小盒子里，你会看到宝宝一开始抓住盒子啃，慢慢他会对盒子里的玩具更感兴趣，抓出来啃。这个阶段宝宝对任何可以抓的东西都会感兴趣。小萌喜欢抓起尿垫、棉柔纸巾、湿纸巾外包装、枕头的一角送入嘴里，甚至是桌上的餐具、热汤和菜肴。他的出手像闪电一样快，而且1 秒前还在往左抓，1 秒后已经往右抓了，简直令人防不胜防！所以一定要确保宝宝离可能造成危险的易碎品和烫的物品远一些。

对话：随着宝宝语言的发展，我们可以更好地和宝宝对话了。一般到了 8 个月，宝宝开始叫第一声“mama”或者“baba”。爸妈们可以打个赌，看宝宝先叫谁，通常爸爸会获胜。“baba”的音实在是太好发了，除非你一直训练宝宝叫“mama”。这时候，宝宝还很难将名字和物体准确地联系到一起。

边说边做：一边唱“左三圈，右三圈，脖子扭扭，屁股扭扭”，一边将他的手向左绕圈、向右绕圈、扭动他的头、扭动他的屁股。或者边做出“1、2、3、4、5”的手势，边对着宝宝说出“1、2、3、4、5”。这些游戏能帮助宝宝把语言和语言所代表的意义联系起来。

Give me five：还记得之前我们提到过的游戏吗？我先生一边说着“Give me five”，一边主动地去和小萌击掌。在这个阶段，宝宝已经开始有所记忆了，爸妈们可以多次说出动作的名称“Give me five”，立刻伴以击掌的动作，不久后，你就会发现你只要说出动作的名字，宝宝会主动举起手掌向你靠拢，等待击掌的一刻。

让宝宝加入谈话：之前当家人聊天的时候，宝宝也许只沉浸在自己的玩具和世界中。但在这个阶段，宝宝会在大人聊天时，开始侧头转向说话的那个人，仔细地倾听，并在安静的间歇发出自己幼嫩的童音。在宝宝说话以后，要回应他，之后再继续你们原本的谈话。

玩球：给宝宝滚过去一个软的球，陪他简单地摸摸球、碰碰球。这将是未来几个月宝宝真正玩球的开始。

照镜子：这个阶段宝宝喜欢对着镜子里你的笑脸微笑。

第 10～第 12 个月

特征：双脚交替爬行，扶着栏杆走路；会爬上楼梯，但还不会下楼；手指的抓握能力更棒了，能用食指指东西和戳东西，能堆积木、扔积木；出现惯用手；能说双音节的词（baba,mama）；懂得拒绝；能模仿咳嗽、咂舌的声音；能挥手表达再见；记得最近发生的事情；出现分离焦虑。

喜欢的事：把东西倒出来又填进去；翻口袋；照镜子；叠积木。

亲子互动：

这个阶段宝宝的大运动技能将得到飞速发展。爸妈们不用担心宝宝是否会爬，一些宝宝会直接绕过爬行的阶段，变成走。亲子互动时务必注意安全！

攀：宝宝一开始从床垫滚下来时，只会拽住床单哭，但是现在，他会开始拽住床单，把自己往上拉了。这就是宝宝从爬到攀的历史性转折！儿科医生提到，婴儿的发展是从头到脚的，因此胳膊要比腿脚有力、协调。

宝宝先发展手的“拉”动作，然后他会逐渐通过“拉”，让自己的腿部也支撑起来。这时候最好玩的游戏开始了：可以把一堆枕头或者靠垫随意地堆在床上或者地板上，鼓励宝宝“穿越丛林”。如果爸妈也躺在这些障碍物之间，成为可移动可变形的障碍物，游戏将变得更有趣。

上楼：鼓励宝宝爬上楼（如果家里有楼梯的话）或者矮的沙发。一开始时，爸妈可以帮助宝宝爬上去，慢慢地可以放手让宝宝自己去攀爬。此时一定要确保一直有人看着宝宝，并确保飘窗、窗户是紧闭的，否则容易发生摔伤或者坠楼的危险！宝宝还不会从楼梯或者沙发上下来，所以在他急得团团转时，爸妈可以帮助他回到攀爬的起点。

击打玩具：尽管小萌还没有发展到这个阶段，但是据说不少宝宝会喜欢重重地击打玩具。因此，任何尖锐、易碎或者能被宝宝吞食的东西都不能出现在宝宝周围。这个阶段的宝宝是名符其实的“小破坏王”，他会抓、扯、砸一切能够到的东西。

站和走：这个阶段宝宝会慢慢扶着东西开始挪动步伐。这是历史性的一刻，人类终于开始直立行走了！注意把有尖角的家具边缘包裹起来，另外要给门、柜子或箱子的把手加装安全锁，谨防宝宝用力抓拽时，打开的门撞到宝宝的身体。

容器游戏：给宝宝一个箱子，里面放上各种不会被他吞下去的玩具。陪着他把玩具拿出来、放进去。这个游戏能帮助宝宝建立“里面”和“外面”，“大”和“小”的概念。某品牌还开发了更有趣的盒子，宝宝必须把玩具调整合适的位置，才能放进盒子里——这能锻炼更为高阶的精细动作。

找玩具：现在可以和宝宝玩“我藏你找”的游戏啦！把他手里的玩具拿走，藏在他身旁的靠垫下，宝宝会记得你刚才的动作，从而去寻找靠垫下面的玩具。这个游戏能锻炼宝宝记忆力的发展。

进阶版的捉迷藏：爸妈们可以把自己藏在窗帘背后，露出头，呼唤宝宝的名字，鼓励宝宝来找自己。接下来，可以完全把自己藏起来，只是呼唤宝宝的名字，让宝宝满屋子爬着找爸妈。要特别提醒，这个阶段只能有一个大人藏起来，另一个大人需要一直看护着宝宝，避免宝宝在爬行和寻找的过程中发生意外。

手势游戏：又到了我最喜欢的身体游戏的部分了！这个阶段，可以由爸妈先做出动作，让宝宝来模仿。例如“拍手游戏”：把手掌举高，然后向前伸出，宝宝会模仿你的动作，于是你们就能成功地拍手了！注意不要拍得太重，防止打疼孩子。还有“挥手再见”的游戏：再见的时候，举起宝宝的小手挥动示意，同时说“再见啦，再见啦！”很快宝宝就能将动作和动作的含义联系在一起，同时也将语言和动作联系到一起。下次告别的时候，只要说“再见啦”，然后挥手，宝宝也会跟着做挥手的动作。再之后，只要说出“再见啦”，宝宝就会自觉地挥动自己的小肉手。

玩球：这个阶段的球类游戏将更加丰富。除了滚球以外，还可以抛球，教宝宝传球，等等。宝宝会慢慢学会简单的指示，配合大人一起玩——如果他喜欢的话。要注意的是，尽量用小、轻、软的塑料球，防止意外事故。

指认物体：当宝宝望向物体时，教给宝宝物体的名称，例如“花”。如果宝宝也发出类似“花”的声音，爸妈可以肯定加鼓励地重复：“对！就是花。花——”让宝宝知道自己说对了。当宝宝感觉自己被肯定的时候，会更积极地发展自己某项技能。

一些通用的亲子互动

现在，我想跟大家分享一些从宝宝出生起就可以一直玩的“亲子互动”。

换尿布

你也许会说：“天哪，换尿布居然可以成为玩耍？”

没错！千万不要把换尿布当作是简单的保育任务，这可能成为你们高质量的亲子时光之一。

每次换尿布之前，记得准备好新的尿布（或者纸尿裤）、护臀霜、尿布疹膏、湿纸巾（或者热水和毛巾）、棉柔纸巾（或者干毛巾）、尿垫、纸巾和供换洗的衣服。以一个固定短语，例如“宝贝，我们换尿布啦！”作为开头，然后轻柔地帮宝宝解开衣服，擦拭小屁股，换下尿布（纸尿裤），整理好新的尿布（或者纸尿裤）。

在整个过程中，可以向宝宝描述自己在做什么，或者问问宝宝的感受：“宝宝舒服吗？”“这样尿布紧吗？”“哇，擦干小屁股舒服吗？”如果他开始哼哼，以同样的哼哼回应他。记得全程都保持微笑，即使看到一大泡便便也不要皱眉头、捏鼻子或者喊臭——这会让宝宝觉得自己被嫌弃了——我的经验是将瞬间的表情变成一个惊喜的“哇，惊喜呀！”这样做的好处是宝宝会很配合换尿布的过程，而且也能帮助宝宝理解你在做什么，从而更好地认识世界。

抚触

尽管产科的墙上挂满了如何做抚触的图解，但大多数爸妈可能很难坚持。实际上，每天坚持给宝宝洗澡（水温约 37℃）是对他身体素质很好的锻炼。洗完澡之后，把双手抹上婴儿油或者润肤露，开始你们的“欢乐时刻”吧！宝宝柔嫩爽滑的肌肤简直就是给辛苦带娃的爸妈最好的福利！

在这个过程中，你可以仔细检查宝宝的身上有无异样（黄疸、疹子、疱疹、斑点、胎记等等），也可以了解宝宝身上如何长出“痒痒肉”。我先生喜欢以“按摩！按摩！”作为开头，然后边做抚触边玩得很开心。一边念“揉小腿，揉小腿，揉完小腿，揉揉脚；揉揉脚，揉揉脚，揉完脚后揉小手；大拇指、食指、中指、无名指、小指……”，一边揉捏相应的部位，可以让宝宝在有韵律的固定歌谣中慢慢了解身体的各个器官。

记得要欢快、活泼和欣喜，在整个过程中不停地呼喊宝宝的名字，以发起互动。如果他咯咯笑，可以把刚才的抚触多重复几次。

对话

我曾经自嘲说，养娃这件事让父母变成了“神经病”：最初宝宝什么都不会的时候，基本就是自己一个人说话、一个人唱歌、一个人蹦蹦跳跳。慢慢地，宝宝会学会凝视你，然后是第 2 个月的社会性微笑，接下来他会开始“a，o，e”地试图说话，虽然这还不是真正的对话！

要记住的一点是，你所说的一切语言，都会成为宝宝未来说话的素材。当然，有的妈妈会说，不知道对宝宝说什么。可以跟宝宝聊聊你正在做什么，为什么要这么做，这么做会有什么结果，以及你自己是怎么想的。在宝宝新生儿时期，你温柔的声音能很好地安抚他（不管你究竟在说什么）。当宝宝到第 4 个月时，就不用立即回应他了：如果你去了别的房间，而宝宝在哼唧，你可以先用语言安抚他，“宝宝，妈妈在洗衣服呢，还有两分钟就过来！你在做什么呢？哎呀，宝贝真乖，知道妈妈在做家务，对不对，能自己玩一会儿呢！”之后再赶过去即可。

记住，我们对宝宝说得越多、鼓励越多，他们就越能发展自己的语言和社交能力。

笑

笑，也是很好的互动！宝宝喜欢轮廓分明的脸，例如爸爸的脸；也喜欢露出牙齿和产生皱纹的大笑。如果他朝你笑，回应他的笑，他会笑得更开心。小萌经常会自己玩，然后突然转过来看着我俩——这时候如果及时地冲他笑，他也会开心地笑一笑，然后继续自己玩。笑是对宝宝的鼓励，也是在宝宝能听懂语言之前，对宝宝行为最好、最直接的肯定。小萌 3 个月的一天，凌晨 5 点，我给他换完尿布，他因为小屁股干爽了非常开心，和我对着笑了半个小时。另外，宝宝的笑和哭也是他最初的表达方式：你做得不对，他就会哭；做得对，他就会笑。小萌哭的时候，我们会尝试各种方式（拥抱、拍嗝、哄睡、喂奶、揉肚子等）来哄他，当他哭得更厉害，我们知道这种方式不对；而当他的哭声减弱，甚至开始笑了，就说明我们做得对了。通过宝宝的哭和笑，爸妈能更了解宝宝；而通过爸妈的笑，宝宝能领会我们想传达给他的想法。

英国早教专家在“亲子陪玩”方面，曾提出过五点原则：

1. 试着从宝宝的角度考虑：了解宝宝看待世界的方式，会让你在帮助宝宝学习的时候更加得心应手。

2. 让宝宝做自己：宝宝刚出生时多和他交流，1 岁时鼓励他冒险，2 岁时多拥抱他，3 岁时赞赏他的好奇心，4 岁时允许他忙个不停，才能让他在 5 岁时学到各类必需的技能。

3. 当一个会玩的玩伴：你也可以和宝宝一起享受童年。

4. 重视你和宝宝的感受：在任何情况下，你和宝宝的感受都同样重要——不管在欢乐还是难过时，洞察自己和宝宝的情绪都会对处理事情更有帮助。

5. 别期望完美：人无完人，即使我们偶尔会犯错，孩子也会原谅我们。

希望你能从这些原则出发，自己“发明”更多陪娃玩的游戏。

好的亲子沟通，从亲子陪玩所建立的亲密关系开始！

1~2 岁：我长大了，但我怕

1 岁以后，以能站立和行走为标志，孩子正式从婴儿期步入幼儿期，在各方面也发生着飞速的变化。

在社交与情感方面，他们会对陌生人感到害羞或者紧张，在爸爸妈妈离开的时候，他们可能因为分离焦虑而哭泣。这个阶段开始，孩子们会喜欢特定的事物或者人，有时还会对某些人或事表现出恐惧。

好消息是，他们比以前更会表达自己了，当他想听一个故事时会递给你一本书，同时他们还会重复自己的声音或者动作，以唤起你的注意力。

在语言与交流方面，幼儿开始响应我们简单的语音请求，例如坐下的请求。他们也会使用简单的手势，或者身体姿势来表达自己的想法，例如摇头说不，或者通过挥手来道别，他们还会通过语调的变化发出声音，并模仿和学习你所说的话。

在认知方面，他们学习思考和解决问题的能力也在不断攀升，他们会通过不同的方式来探索事物，例如摇动小桌子、敲打小桌板，或者将你放到他面前的食物投掷出去。他们也很喜欢寻找隐藏的东西，甚至会在家里制造一个翻箱倒柜的现场。幼儿的探索逐渐延伸到越来越宽广的范围：他们会喜欢把东西混到一起，或者对反复放入再拿出的容器游戏感兴趣，甚至喜欢用手指去戳能够到的一切东西。

在运动和身体发展方面，这一阶段的幼儿无需帮助即可以自行坐下、通过拉起支撑再度站起来，甚至扶着家具在房间里巡游等。

分离焦虑

分离焦虑始于婴儿对物体恒久性的了解。

1963 年，皮亚杰开展了一项研究，想知道婴儿何时能开始意识到物体的恒久性。于是，他当着孩子的面，将玩具藏在毯子下面，并观察孩子是否会寻找藏在毯子下面的玩具。结果发现，8 个月左右的婴儿，会主动从毯子下面翻寻隐藏的玩具。后来，有学者对这一实验进行了补充解释，认为婴儿可能会因为分心或者对物体失去兴趣，因此不再找寻藏起来的玩具。现在，学界普遍认为 4~5 个月的婴儿就开始意识到物体的恒久性。在此之前，婴儿会认为玩具藏起来了，就是消失了，但是在此之后他会意识到即使玩具藏起来了，但它依然存在，还会再次被看见。

伴随婴儿对物体恒久性的理解，分离焦虑也就逐渐产生了。当孩子意识到妈妈离开自己身边走出房间时，并没有真正消失，他们也许会哭闹着要求妈妈迅速回来，再度出现在自己面前。

美国儿科学会认为，大多数婴儿会在 9 个月大时表现出严重的分离焦虑，如果此时他们还伴随着饥饿、疲倦或身体不适，那么他们的哭闹也会被这些生理不适所放大，例如不停地哭闹等。

有的婴儿不会表现出任何分离焦虑，直到他们成长到18个月左右。这种分离焦虑会伴随着幼儿时期孩子所逐渐发展出来的独立性。当他们意识到自己和妈妈并不是一体的，自己可以远离妈妈，也可以靠近妈妈，更理解分离的含义，也就更容易表现出分离焦虑。在分离的时候，他们往往会用大声呼叫眼含泪水来阻止妈妈的离开，并且很难被停下来。

通常，分离焦虑通常会在孩子3岁时逐渐减轻，但如果孩子离开家门进入学校，或者有新的家庭成员诞生，也有可能迎来另一次分离焦虑的高峰。

这一阶段，一些令父母感到很恼火的幼儿表现，可能正是由于分离焦虑所带来的，包括：

- 每次父母说再见时都声嘶力竭地哭喊。
- 知道父母即将离开时大发雷霆。
- 当父母不在身边时，一定要知道父母在哪里，并通过手机与他们取得联系。
- 夜晚噩梦次数增多，哭着喊爸爸或妈妈。

如果父母拒绝承认孩子的分离焦虑，无疑会让孩子更加焦虑。他们能敏锐地察觉到父母想要摆脱掉自己的心情，从而加剧哭闹和发脾气。18个月以后的孩子，甚至会在父母即将出门前就开始出现各种问题行为，例如拖延、磨蹭、把东西弄洒等，以换取父母离开前对自己的关注，甚至影响真正离开的时间。

缓解宝宝的分离焦虑，就有助于解决出门前的一系列问题。为此，我们可以采取以下方式。

首先，实话实说。

不管孩子有多小，当我们不得不离开他的时候，尽量能够对她讲述即将发生的真实情况。比如我们要走进另外一个房间，可以告诉他妈妈马上就回来；但是如果要出门好一阵，就告诉她妈妈可能晚上才回来。相反，那种明明要出门很久，但是却告诉孩子“一会儿就回来的做法”只会让孩子的期待落空，对父母不信任，反而加重分离焦虑。

我们可以表示对孩子的共情，例如“我知道你不想和妈妈分开，妈妈也不想和你分开——但妈妈需要去工作，才能赚钱，给你买好吃的、玩好玩的！”

当孩子觉得你理解了他，才会更容易听进你所说的话。

其次，快速的分别仪式。

分别前，一定要有“再见”的仪式。但是，这种分别仪式最好能快速进行，例如给孩子一个吻或者提供一个特别的玩具后，就迅速离开。

分别仪式最好能成为固定的仪式，让孩子对接下来将发生的事情有所预期和准备。孩子会慢慢接受这种分离，把它当作是一件可预测的例行公事的一部分。

第三，分散注意力。

出门前，可以让照料人给孩子展示一个新玩具或者告诉孩子感兴趣的事；父母说完再见后，就尽快离开。因为，你待得越久，孩子就越焦虑，情绪失控也就越厉害。

第四，遵守诺言。

如果你告诉孩子下午放学时会去接她，那么，出于不放心，一个小时以后就回去探望，只会延长和加剧分离焦虑。基本上，所有因为担心而折回去看孩子的家长，最终都会引起孩子强烈的情绪波动，而不得不将孩子带回家。

第五，用孩子能理解的语言，给他们一些重逢时的期待。

如果我们计划下午 5 点回家，可以告诉他，你午睡醒来吃完水果后，妈妈就回家了。因为 1~2 岁的孩子可能还无法理解下午 5 点的确切含义，但他对于事件是有概念的，例如“吃完水果以后”。符合宝宝时间知觉的说法，更容易让宝宝产生对重逢的期待。以前我先生每次离家前，都会承诺给小萌带点小东西回家，有时是彩色的纸片，有时是橡皮擦等，这些小惊喜成了小萌每次面对分离时的期待：“爸爸，带礼物！”从而缓解了分离焦虑。

唤起父母注意

宝宝天生就很会吸引父母的注意。

例如，婴儿的可爱可能正是进化的结果，是婴儿图式（Baby Schema）所产生的效应。1943 年，生物学家康拉德•洛伦兹（Konrad Lorenz）发现，婴儿的脸能够引发人类个体强烈的积极反应，包括自发的微笑或言语等。据此，洛伦兹提出著名的假说：所有物种的新生儿的典型外貌（圆脸、大眼睛、小鼻子、高耸的额头）都可作为一种触发人们的积极情感、进而促进相关行为反应的关键性视觉刺激。这种新生儿的面貌特征被称为婴儿图式 。洛伦兹认为，人们对婴儿的情感偏好和抚养冲动是一种普遍、本能的状态。为了保证生存与后代的繁衍，需要给予婴儿特殊的照料和抚养，这是人类及大部分生物的重要本能。

针对洛伦兹的假说，心理学家们进行了一系列实验研究，发现婴儿的图式反应确实是人类社会认知的关键功能，它可能是新生儿护理的基础，并且对婴儿与看护人的互动产生影响。

除了“长得惹人注意”，这一阶段的幼儿还会想方设法吸引父母的注意力，让大家围着自己转。

1 岁多的幼儿，早已开始添加固体食物，但他们吃饭时往往喜欢把东西扔得满地都是——怎么说，他都不听，这是为什么呢？

原来，对 1 岁多的宝宝来说，好奇心萌发的他们最喜欢的就是自由探索：一方面，将食物扔在地上，观察它们在空中划出的抛物线，看它落在地面上的状态，再听听不同的“啪嗒”声，实在是很有意思；另一方，扔食物的动作本身，也是宝宝们的探索——自己有多大力气，能将东西扔多远，怎样扔到预期的位置，从而让宝宝们沉浸其中。

现在，我们换个角度思考，宝宝扔了食物之后家长会做什么？不外乎两件事：劝阻，或者提供新的食物。

宝宝会怎么理解父母的反应？

一方面，父母以为的劝阻，成了宝宝以为的“亲子互动”。宝宝一丢食物，妈妈就来拉着我的手，还和我手对手地玩，还和我说好多话，真是太有趣了。这不就是吸引妈妈注意力的好办法吗？

另一方面，父母还会继续给他其他食物，宝宝不会因此挨饿。对他来说，之前扔在地上的食物浪费了也没关系，反正总还会有新的食物被源源不断地送到面前呀！

这样看来，宝宝从扔食物的好奇开始，到获得了“亲子互动”以及“得到新的食物”的正反馈，当然很容易让他持续将食物扔在地上作为玩乐。

那么，如何避免他采用扔东西、哭闹等方式来唤起我们的注意力呢？

首先，及时回应宝宝的需求。

当他们叫“mama”“baba”时，一边口头回应，一边及时走到他们身边，问问他们想要自己做什么；而不是等他们已经开始用破坏来吸引注意力了再来处理问题。

其次，制定双方都能接受的“吸引注意力”的规则。

当孩子过来找我，但我确实忙于工作时，我会鼓励他们从 1 数到 10，之后我会立刻停下来听听他们说什么；或者约定好，如果扔东西我们不会理会，但如果过来亲一口妈妈那么就立刻停下来。达成一个双方都认可的共识，并且真正去履行，能够更好地解决问题。

第三，满足宝宝的真实需求。

宝宝也许一开始是想唤起你的注意，但可能到后来就沉浸于自己所发明的游戏中不可自拔，从一开始假哭，到后来放声大哭，并且很难停下来。这时，我们可以试着想想宝宝这些行为背后的真实诉求，再来解决问题。

宝宝喜欢扔东西，你就让他扔，但扔的东西要控制。我家小萌 1 岁多的时候，也很喜欢扔东西，尤其是吃饱以后，抓住餐盘上的食物就往下扔。于是，我找了一堆废旧的卡片，再拿了个塑料盆，鼓励他将卡片扔到塑料盆里。卡片不会湿嗒嗒的难以清理，又有了塑料盆这个具体的目标，这让小萌开心极了，玩起了更像模像样的游戏；我也开心极了，因为接下来收拾东西容易多了。其他扔东西的游戏也可以安排起来，例如将缠紧的毛线团扔进箱子里、将玩偶扔进它们的房子里、收拾玩具的时候扔进收纳箱里等，既能满足宝宝想要扔东西玩的需求，又不至于让事情失控，这就是两全其美的解决方案。

对万物的好奇

随着幼儿大运动技能和精细动作能力的发展，他们开始以自己的方式去探索更大的世界。

有个孩子，对各种玩具都不感兴趣，最喜欢的就是拿不锈钢的勺子敲不锈钢的盆，听这叮叮当当的声音。照理说，孩子制造出这样的噪音，妈妈早就该通过讲道理甚至上手等各种方式来教育孩子了。可他的父母，偏偏笃信“放养”的理念，除了挨个给邻居赔不是，根本就由他敲去。15 年后，这小孩长大了，也跟随学医的父母去了国外，成绩优秀，教养良好，彬彬有礼，还考取了顶尖的医学院，继承了父母的衣钵。幼时喜欢敲不锈钢盆的“问题行为”并没有成为他成长之路上的阻碍，他也没有成长为一个糟糕的人，反而挺出色的。

实际上，1~2 岁的幼儿对一切事物都愿意探索，只是他们探索世界和学习各种技能的方式中不乏让大人头疼的习惯，比如揉塑料袋、撕纸、滚纸筒、穿大人的鞋子。其实，这些活动都是孩子在发展自己手眼并用的精细动作技能。

父母能做的有两点。

一是为孩子提供安全的探索环境。检查房间里的尖锐部分，将桌角、墙角贴上防撞条，将窗口贴上安全锁，为孩子的活动区域放下安全围栏等；同时，还要将书架、衣柜、玩具架等牢牢固定在墙上，或者选取轻巧的材质，以免孩子攀爬时被翻倒的物件所砸伤、造成意外。

二是给孩子提供最简单的玩具。对幼儿而言，最好的玩具其实是最简单的玩具。尽管我们生活在高科技的社会，但宝宝的世界并不需要这些高科技。并非所有宝宝的玩具都得是塑料的，当然也不需要总是色彩鲜艳的，或者都能发出有趣声音的。尽管宝宝有时喜欢塑料玩具，但也喜欢木质和柔软材料的外表和质感。他们也不希望所有玩具都发出声音。一旦宝宝能自己独立坐起来，他们就解放了自己的双手，接下来，他们将用这双手去探索全新的世界。他们通过自己移动、摇晃简单的玩具，并将这些玩具拿出和放入大一些的容器来学习。

父母不必无节制地买玩具，只需要有一个“宝贝篮子”就足够了，里面包括一把木勺、一个金属茶杯、一大片棉布、一只软布球、一个洗澡海绵和一只老式的木制夹。在给宝宝玩之前，需要确保这些东西都无法被宝宝吞下去，也没有锋利的边缘。在宝宝玩的时候，也需要坐在一旁密切地关注——你最好能保持沉默，直到宝宝明确地邀请你一起玩。

当然，对幼儿来说，最好的玩具是你——一名会玩、细心，还“装载”了声音、眼睛、耳朵、手、膝盖，并且了解宝宝喜好的成年人。

1~2 岁的亲子陪玩

恭喜你，可以给 1 岁以后的孩子引入各类简单玩具了。

这个阶段的宝宝喜欢能和自己产生互动的玩具，尤其是能在自己的操作下发出声音或者动作的玩具。这些玩具不需要每个细节都很逼真，但需要看起来比较真实；轻便，使宝宝能轻松地举起或者搬运；颜色最好能明亮且鲜艳。1 岁宝宝总是边运动边玩耍的，包括爬、走、跑、跳等粗大运动和探索、堆砌等精细运动。没错，他们正是从这时开始学着组合、堆积玩具，并且开始了模仿的游戏。以下是适合他们的玩具：

带推杆的玩具（推杆末端应该有手柄，例如小推车）、有大轮子的玩具以及手推车（需要低矮、无盖以及足够大，从而让宝宝可以自己坐进去）。

有特殊声音或者动作的玩具。

如果宝宝已经能自己走得很稳了，可以让他玩带线的可以拉动的玩具（例如拉着小车行走等）。

积木仍然被宝宝所喜欢，这时宝宝可以逐渐玩 15~25 块积木了。

简单的拼图（2~3 片即可，最好能拼成宝宝所熟悉的形状）。

黑板和吸铁石，可供宝宝用吸铁石组合出各种形状。

除了之前的不倒翁、可以弹开的盒子以外，宝宝还喜欢门、开关、盖子等有趣的小“机关”。

所有户外活动都需要大人的密切监护，除秋千以外，还可以用轻巧的泡沫等搭建供宝宝爬行的隧道等。

有特殊视觉、听觉和无法预测的滚动轨迹的球，最好柔软轻巧。

除洗澡时的漂浮玩具外，宝宝也很青睐海绵、铲子和桶用以玩水。

可供宝宝搂在怀里的布偶、洋娃娃、安抚毛巾等。

轻便的交通工具（安全轮子），可供推拉的小汽车或者小火车（1~2 节车厢即可，不用轨道），最好能发出声音。

角色扮演：玩具电话、大镜子、简单的打扫工具、玩偶的床和房子等配套的设备，以及供装扮的帽子、衣服、首饰等。

音乐：摇铃等通过晃动能发声的乐器，儿歌以及手持的音乐盒。

阅读：布书、塑料书、卡片书仍然很受欢迎，可以开始一起读绘本，故事的内容最好能有所重复；如果由大人拿书，可以开始读一些纸质书了。

艺术：正常大小的纸张和大蜡笔。

其中，1 岁半的宝宝特别喜欢：

装洋娃娃的盒子。

可供骑乘的玩具（宝宝坐上去之后，脚需要能够到地面；如果玩具有轮子，至少应该有 4 个轮子以确保其稳定性；有储物箱、能发出声音以及长得像动物的更好）。

20~40 块实心木质积木（棱角需要打磨光滑）、大型的空心积木、大型的塑料积木（边长 50~100 毫米）。

3~5 片拼图（最好能有粘得非常牢固的把手，以方便宝宝抓握）。

有扶手的低矮滑滑梯。

功能更复杂的盒子，如有按键的玩具电话等。

简单的组合玩具。

用钥匙开锁的玩具。

可供挤压的玩具等。

玩沙工具套装。

铜铙、鼓、木琴等打击乐器。

促进触觉发展的书籍，如可触摸的书等。

其实，宝宝的成长并不需要无穷无尽的玩具，经常带他去大自然里走走看看，也会促进他的认知发育和精细运动的发展。毕竟，即使是新玩具，孩子也容易很快就腻了。只有充满了新鲜和丰富刺激的大自然，才是最廉价、也最有趣的“玩具”。

2~3 岁：我自己来，我行的

通常我们认为 2~3 岁是幼儿人生中的第一个叛逆期。从 2 岁开始，幼儿逐渐形成自我意识，以自我为中心，不愿意分享，他们坚信“我看到的就是我的，我摸到的就是我的，我的就是我的，你的也还是我的”。

这一阶段的孩子在社交与情感方面会模仿成人和大孩子的情绪。他们展示出越来越多的独立性，同时也表现出挑衅的行为，例如明明告诉他不能做的事儿，他非要去做。他们与其他伙伴在一起时会很开心，也愿意在旁边玩耍，但多半是自己玩自己的。

在语言与交流方面，他们会知道熟悉的人和身体部位的名称，同时也能说一些简单的句子，并重复在对话中听到的词语和短语，他们用手指向书中所展现的事物，甚至会对文字感兴趣。

在认知方面，他们开始对形状和颜色进行排序，尝试搭建更多的积木，开始玩简单的假扮游戏（pretend game），同时也能遵循一些较为复杂的指令，例如“先去洗手，再回来吃饭”。这一切都说明孩子的逻辑思维能力、执行力和注意力都在进一步提高。

在运动和身体发展方面，他们能够踮起脚尖站立，独立在家具附近爬上爬下，对爬楼梯和扶梯非常感兴趣，同时也对简单的球类活动例如踢球、抛接球等产生兴趣。

为了应对这样“糟糕的 2 岁”，父母可以尝试做以下事情。

保持生活常规（routine）

当孩子感到疲倦或饥饿时，有可能会因为身体不适而发脾气或者和你对着干。相反，保持生活常规会让孩子对于未来有所预期，从而产生安全感，例如 2 岁的孩子不愿意去睡觉，那么我们就有必要为他建立一个规范的睡前流程。这个事情流程可以始于刷牙和洗澡，在他们换上睡衣以后，可以为他们安静的唱一首歌或者读几页故事，然后再让他们乖乖地躺进被窝，和他们互道晚安。当孩子习惯了这一流程就会一步接一步往下继续，而不太容易在一听到要睡觉时就厉声反对。

规律的三餐和生活安排对于孩子度过糟糕的2岁也很重要。我们通常在周末的时候有空陪孩子出门玩耍。下午1点左右孩子日常的午睡时间时，他们就会昏昏欲睡，虽然他们会强打着精神抵抗睡意，但他们却突然变得很难缠。有一天下午我带2岁的小萌去游乐园，他一定要玩1米以上孩子才能玩的游乐项目，并且为此在设施入口处大哭起来。我急忙将他抱在怀中，却发现在我轻拍后背的安慰下，他竟然沉沉睡去——这时我才意识到，他只是困倦时闹脾气罢了。

接纳情绪，引导行为

“发脾气”是孩子的一种情绪表达，它反映出孩子对待事情的真实态度，也是孩子在成长过程中必修的情商基础课：控制自己的情绪。2岁的孩子还无法明显地说出自己的感觉，只是凭感觉做事，并在积累多次的经验以后，才开始慢慢体会到自己不同的情绪，以及随后不同的行为表现。

当孩子逐渐领悟到自己本身的情绪时，父母就可以开始教他控制自己的情绪了，包括：

教孩子辨认基本的情绪。通过不同的表情来示范，并且在做出生气的表情时，告诉孩子，生气可能是由于两种原因：想做一件事做不到，感觉受伤了；或者做一件事的时候被打断了，感觉很难受。

告诉孩子他正在经历怎样的情绪。当孩子哭闹、撒泼打滚、尖叫、扔东西发脾气的时候，父母要温柔地帮孩子分析他发脾气的原因，并且把这些原因清楚简单地说出来。帮助孩子表达出内心的情绪，是取得孩子认可的第一步。

认同孩子的情绪。取得孩子认可的第二步，是认可他的情绪。经常看到有的家长冲孩子吼：“不许哭！”殊不知，哭，其实是一种良性的发泄情绪的方式。与其限制孩子正常的情绪表达，不如把孩子搂在怀里，告诉他：“你现在不开心，所以想哭对吧？没关系，哭吧，妈妈/爸爸陪着你。”神奇的是，孩子惊讶地发现自己的情绪被认可之后，往往只会啜泣几声就停止了。这种方法尤其适用于挫败感的例子。

教孩子如何表达情绪。起初需要以同理心来感知、认同孩子的情绪；随着孩子逐渐长大，就需要教会孩子如何主动地表达自己的情绪了。可以试着告诉孩子：“如果你一直哭，妈妈/爸爸会感到很疑惑，不知道你到底哪里不舒服。不如你现在来告诉我们，你为什么不开心了，之后，再让我们一起来解决问题好吗？”

寻找“两全其美”的解决办法。这往往是整个处理过程中最难的一环。如果认为孩子玩剪刀很危险，那可以试着给孩子一把尺子或者一个橡皮；如果孩子执意要玩剪刀，给他儿童专用的安全剪刀；或者告诉他，稍晚一些会给他买一把“宝宝专用”的剪刀。

设立明确的规则。当父母确认没有“两全其美”的办法时，必须设立不可动摇的规则，并让孩子明白，在此类事情上，没有讨价还价的余地。我们需要根据宝宝的不同阶段设定不同的界限。你告诉2岁的孩子“不要在街边跑”，他还无法理解，所以你必须在街边行走时紧紧抓住他的手；但对于3岁的孩子，也许只需要你一个眼神，他就会乖乖地靠里行走了。因此，在给宝宝设限之前，我们必须了解他们能明白和接受的范围在哪里，而不能以一贯的标准要求不同年龄的孩子。

更重要的是，父母需要控制自己的脾气。教育是以身作则、春风化雨的引导；它并不是父母对孩子单方面的期望，而是父母和孩子共同达到期望：如果你希望孩子不发脾气，那首先你要学会控制自己的脾气——因为孩子总是在模仿你，甚至超越你。以下三个建议也许能帮到各位：

1. 保持冷静。大多数幼儿会对发脾气的场景迷惑不解，即使你边发脾气，边解释为什么，也无法让幼儿学会不发脾气地处理问题。只有我们温和、平静、亲切地处理问题，才能为孩子树立起良好的榜样。

2. 试着对孩子说“可以”。我们常常过度强调要如何对孩子聪明地说“不”，往往忽略了其实父母应该尝试着对孩子说“可以”。原则问题上我们固然不能让步，但告诉孩子不能做什么、可以做什么，也需要父母的智慧。

3. 平时多和孩子沟通。想知道孩子为什么发脾气，需要经常和孩子多沟通。和孩子一起做一件事，边做边聊的效果远远好于把孩子拽到面前，生硬的交流。我们总是迅速地回答、寻找解决办法、给出建议、急于结束别人的话语、打断别人甚至评论别人，这并不是真正的倾听。只有克服上述这些“坏习惯”，才能更好地和孩子沟通。

应对孩子的打人行为

孩子发展出攻击性行为，主要受到以下几个方面的影响：

遗传因素。不同孩子天生的神经活动类型就不同。有的孩子生下来就容易情绪激动、兴奋性强、反应速度快等。

社会环境。孩子天生就是喜欢并且善于模仿别人的。一是对现实生活中“坏榜样”的模仿。有的孩子本来很守规矩，从不打人；但坐在他旁边的同学很调皮，没事就打别人几下，还经常会去招惹他，欺负他。无形中，孩子就学会了，当同学再去打他的时候，他也会还手了。二是对虚拟世界中“媒体内容”的模仿。随着大众媒介的普及，越来越多的孩子会观看动画片、卡通片等，都充斥着一些暴力、复仇的镜头，而孩子常常因好奇、刺激而模仿，便不知不觉地模仿学习了攻击性行为。

家庭教育模式。孩子的攻击行为还与家庭教育模式有关，这也是造成孩子攻击性行为的重要原因。

当孩子从 2 岁到 3 岁，从“被打”变成“打人”，我们该怎么做呢？

首先，纠正观念。

一方面，父母首先纠正自己的观念，形成正确的教育观；另一方面，父母还要逐步纠正孩子“打人能获得成就感 / 想要的东西”这类观念。虽然在动物世界，靠暴力压制别人确实能获得利益，但人类社会是不同的。想要纠正孩子的观念，父母要多多和孩子沟通，让孩子信任自己，才会认同自己所提出的建议。

其次，减少刺激。

年龄较小的孩子，自控能力相对较弱，他们的行为很容易受到外界因素的影响。与成人相比，孩子的行为更容易受到环境的影响，所以古人就很重视对环境的选择。

例如家喻户晓的“孟母三迁”。孟子和妈妈，在父亲过世后，住在墓地旁边。孟子经常和邻居的小孩一起学着大人跪拜、哭嚎的样子，玩起办理丧事的游戏。

孟子的妈妈看到了，皱起眉头说：“不行！我不能让我的孩子住在这里了！”

她就带着孟子搬到市集，靠近杀猪宰羊的地方去住。到了市集，孟子又和邻居的小孩学起商人做生意和屠宰猪羊的事。

孟子的妈妈知道了，又皱起眉头：“这个地方也不适合我的孩子居住！”

于是，他们又搬家了。这一次，他们搬到了学校附近。每月农历初一的时候，官员到文庙，行礼跪拜，互相礼貌相待，孟子见了都一一学习记住。

孟子的妈妈很满意地点着头说：“这才是我儿子应该住的地方呀！”

不过，除了选择“大环境”以外，生活中，父母还需要注意“让孩子们减少冲突 / 摩擦”的小环境因素和布置，例如：给孩子提供较为宽敞的游戏空间，各活动区域应稍有间隔，防止孩子因空间过分拥挤，引起无意的碰撞造成冲突和摩擦；玩具和食物的数量尽量充足，供他们自由选择，以减少孩子彼此争抢玩具的矛盾冲突，以免引起不必要的麻烦；阻止孩子接触不良传媒，例如有暴力元素的影视剧等。

第三，合理宣泄。

有些孩子可能由于害怕惩罚，强行抑制自己的攻击意向。长此以往，会产生过分的焦虑，影响心理健康。这时，父母要教会孩子宣泄情感的方法，允许孩子采取合理的方式进行心理宣泄，来取代攻击行为。例如，教孩子用言语来倾诉内心体验的攻击性情感，引导他们在适当的场合大哭大叫，以宣泄内心无法排泄的挫折、愤怒与烦恼等。也可以鼓励孩子参加各种有趣的游戏活动，转移他们的攻击性情感。

此外，运动、玩沙子、踩水等游戏中的跑、跳、扔、戳、踩等发泄行为，也能有效帮孩子控制情绪。

第四，提供榜样。

既然孩子能通过模仿去学习攻击性行为，那么同样也可以通过模仿来学习谦让、互助、合作的行为。孩子的模仿能力很强，却对各种行为缺乏正确的认知，只是一味地学习模仿，所以父母也要时刻注意自己的言行。比如，很多父母习惯“口头”教育孩子不准打人，但是，父母在孩子犯错误后，就狠狠地“身体力行”打他一顿，这样当然会助长孩子打人的毛病。

2~3 岁的亲子陪玩

2 岁的孩子相比之前具有显著的不同，他们开始喜欢有合作的、社交类的游戏，对扮演类的游戏开始感兴趣，并且热衷于体育运动。这个阶段他们所喜欢的玩具最好是能在自己的操作下有动作，并发出声音。需要提醒的是，购买玩具时需要选择宝宝能自己举起的比较轻的玩具，同时最好也具有明亮鲜艳的色彩。

他们喜欢的玩具包括：

推拉类玩具：有牵拉绳的玩具、婴儿车、四轮车、轻巧的小型手推车，尤其喜欢类似于成人所使用的剪草机、吸尘器、购物车等造型的推车。

骑乘类玩具：模仿成人交通工具的玩具拖拉机或者摩托车等，有储存箱的骑乘类玩具，能上下弹跳的玩具。

建筑类玩具：打磨光滑的木质积木，空心的大积木，塑料大积木，几个锁在一起的塑料环，塑料的螺母和螺钉玩具。

拼图类玩具：4~5 片拼图。

模型制造类玩具：木板，彩色的立方体，有不同形状、动物和人的小磁铁，色彩板。

操纵类玩具：有 5~10 块可组合式的玩具，需要旋转嵌套的玩具，数数类玩具，可以捶打的玩具，彩色的多米诺骨牌，简单的乐透游戏（一按按键屏幕上就会出来不同的彩色图案，如果 3 个一样就会获奖的那种）。

运动类玩具：旋转座椅（孩子坐上去时脚需要能够到地面），池塘类玩具（需要在大人监护下玩耍），不同大小的球类玩具（球类本身不可太重）。

装饰类游戏：大的彩色串珠，花边，装扮类的书或者玩具人偶等。

玩水和玩沙类游戏：玩沙工具套装，小船（不含金属配件），研磨玩具，洒水器等。

玩偶：布娃娃或者橡胶类的玩偶，有头发而且会眨眼的类似真人的玩偶，能说话的玩偶，玩偶的套装（孩子可以拿着玩偶去模拟一些生活场景等）。

毛绒玩具：软软的动物玩偶，母子类玩偶，仿真动物玩具，能响音乐的玩偶。

木偶：手和手臂能动的木偶，模拟家庭角色的木偶等。

音乐：节奏类的乐器（铃铛、拨浪鼓、铙钹、鼓、铜锣、用于击打的乐器棒等），有手柄的音乐盒等。

阅读：硬质纸制作的书籍，内容重复且有家庭场景的简单故事，颜色清晰、内容简单的绘本，简单的立体书，有隐藏图案的书籍，可以给书中小人装扮的书籍等。

艺术：大号的蜡笔，无毒的颜料，圆头小剪刀，粉笔和黑板，色彩硬纸板等。

2 岁半至 3 岁的孩子尤其喜欢：

脚蹬车：2 岁半左右，他们开始学会蹬踏时购买。

拼图：可以玩 6~12 片拼图啦。

这一阶段的亲子陪玩，能巩固之前所建立的亲密关系，还能让爸爸愿意参与其中，相伴宝宝的成长。

3~4 岁：我说了算，听我的

3~4 岁的孩子在社交与情感方面会更多地模仿成人和朋友，他们开始学会如何分享东西，轮流玩游戏，同时他们的情绪感知能力也得到了提升，对正在哭泣的人会表示关注。在这一阶段，基本的心理理论开始形成，他们理解了我的想法和他的想法不一样，从而构成了共情的基础。分离焦虑开始减弱了，如果他们有专注的事情，能够较为轻松地和爸爸妈妈告别，但他们也会因为日常生活中所发生的重大变化而感到烦恼，甚至出现倒退的行为。

在语言交流方面，他们能够开始遵循更复杂的指令，他们会为自己所喜欢的事物命名，并且建立起空间感，理解“中间”“上面”“下面”等方位词。他们能够说出自己的名字、年龄和性别，同时也能区分单数和复数。不同于前一阶段的简单对话，他们开始试着用 2~3 个句子，组成段落进行对话，并且只要他们发音足够清晰，大部分内容都能被陌生人所理解。

在认知能力方面，他们喜欢摆弄带有按钮、操纵杆和活动部件的玩具，也喜欢和玩偶动物及人一起玩耍。这一阶段的玩耍不再是同处一个空间内各自玩耍，而是真正有互动的共同玩乐。他们能够用笔画出一个圆圈，知道一次翻一页书，同时他们的积木搭建和拼图能力也进一步提升。他们会拧开瓶盖转动门把手，并不断重复这一探索——在开心的同时，我们也要把各种药品、个护用品等收拾好，以免出现意外。

在运动与身体方面，孩子们的进步就更大了。他们会使用双脚交替上下楼梯，也会双脚离地蹦跳，还会开始试着骑三轮自行车，并且从两岁时蹒跚学步般的快走转变成能控制身体平衡的跑动。

大脑和身体的快速发展反映到孩子的个性上，那就是拥有更加独立的自我意识，这也被人们称之为“可怕的 3 岁”（horrible three）。他们会在某一天突然感觉到世界并不是以自己为中心的，于是开始了对边界的探索和规则的试探。

内在的需要和现实的冲突

在这一阶段，我们常常发现孩子开始有了很多不良的行为，然而这些不良行为通常源自于内在的需要，比如内在的注意力需要。现代心理学认为，每一个人都需要寻找归属感，如果他们没能以积极的方式引起自己所关注的小集体的注意力，就会在潜意识中诉诸消极的手段，例如抱怨，固执和无助的；相反，当我们积极主动地填满他们的“注意力罐子”时，孩子们的不良行为也会相应减少。

那么，我们该如何填满孩子的“注意力罐子”呢？或许你已经注意到了，最有效的方式之一即亲子陪玩。当我们真的花时间、花精力、花功夫去陪伴他们时，例如花 10 分钟玩一次假扮成动物的游戏或者用玩具一起过家家，甚至带着孩子一起做家务，都会让孩子意识到我们将自己的注意力份额分给了他们，从而让他们感到归属感。

除了注意的需要外，孩子们常常有内在的力量需求，他们会寻找自己对世界的控制权。在意识到自己并非世界的中心时，他们发现一切都在失控。如果按照传统的专制型教育方式，孩子从小就完全听命于家长，父母说什么他们就做什么，那么这一阶段通常是比较容易过度的——因为他们早就意识到了自己并非世界的中心，而是得遵令于父母和成人；相反，在如今基于民主和尊重的教育理念，以及提倡“优育”的养育背景下，孩子们刚出生就被父母甚至一大家人所环绕，因此要完成“大家都听我的”到“我居然要听你们的”这一转变，就存在一定的难度。

但是，专制型的养育尽管能让孩子从小听话，但当孩子到了青春期后，其力量、身高、控制力都超过了父母，就会挑战和质疑父母的权威，进入叛逆期；相反，基于互相尊重的教育理念，则更容易让整个家庭更好地度过青春期。

对于3~4岁的孩子来说，如果他们不能以积极的方式来控制自己，就会尝试通过发脾气等其他负面行为来实现。他们很清楚地知道，如果在商场选玩具时大发雷霆或在地上哭闹，他们就更容易拥有实际的控制权——当父母不希望被人认为是没有家教时，为了快速平息孩子们的哭闹，往往更容易妥协。因此在这一阶段，尽管我们仍然会制定规则，不让他们做主，但是在一些非原则性的问题上，我们可以主动给他们提供一定的选择权，从而避免乱发脾气或其他不良行为。

小游戏，大作用

我们常常认为，孩子无法理解成人的难处和成人的世界，总是喜欢“无理取闹”。当他们吵着要一些“根本无法实现的愿望”时，家长该怎么做呢？

“我……想……吃芒果……呜呜呜！”夜里12点，3岁的小萌哭着从床上坐起来，一边抽噎着，一边断断续续地说道。这会儿可是供暖之前最难熬的日子，天寒地冻，我可不想出门给他买芒果。更何况，这大半夜的，水果店早已关门，就连外卖也没有了。

“明天给你买芒果好吗？”我试着劝慰小萌。谁知道，他突然“哇”地一下哭了起来，而且越哭越大声，眼看着旁边的小乖翻了个身，马上就要被他吵醒了。我赶紧把小萌抱到了次卧。

“我就想现在吃芒果……呜呜呜！”小萌哭得越来越厉害。

“真的想吃吗？”劝慰不管用，就先顺着他说吧。“真的想吃，很想吃，想吃得我都不行了。”小萌开始说了出来，“刚刚我梦到一个大芒果，你们都吃，就是不给我吃，呜……”原来，他在梦中感受到了想吃芒果的心情。

小萌想吃“突然从脑中蹦出来的”芒果，可手边一时半会儿又找不到芒果，这可怎么办呢？6岁以前，小朋友是难以区分“现实”和“想象”的，所以明明是想象中发生的事，他们却容易当作是现实。这也是为什么小萌会哭着醒来，一定要吃芒果。既然小萌因为“想象”想吃“现实”里的芒果；是不是可以通过“想象”去满足他的“想象”呢？

“小萌，你想吃芒果对不对？”

“嗯，现在就想吃！”

“好的，那你想吃的芒果，是什么味道的呢？”

接下来，我们开始探讨“小萌想吃的芒果”是甜甜的，有芒果特殊的香味，一定要又软又多汁，不仅要吃芒果的果肉，芒果核上还有好多的肉也要一起啃下来……虽然没有真正吃到芒果，但小萌已经变得不再焦虑，随后，他沉沉地进入了梦乡。

一天晚上，一位妈妈突然在群里着急地说，她家孩子刚刚提了三个“购物”愿望：

1. 我要一个浴缸。

2. 我要一辆蓝色的特斯拉。

3. 我要一个在太空的家。

这些愿望明显太难实现了，但孩子不依不饶，让这位妈妈不知道该怎么办，非常着急。想起小萌半夜“吃芒果”的经历，我跟她提了个建议：“好的，我们来画三个吧！”

小朋友并不是真的想去购物。事实上，这些愿望也是买不来的！他只是想象出了这些东西，并且希望拥有——这时候，一起发挥想象力，就是最好的解决办法！20 分钟以后，这位妈妈在群里晒出了一张图——通过画笔，将孩子想象的事物画下来，小朋友很开心！家长也不用去“购物”了。

这其实也是“假装游戏”的升级版，但不同的是，将头脑中的想象变成现实里的画，在这一过程中，孩子也获得了满足。这和“望梅止渴”有异曲同工之妙。

通过“想象”来展开“假扮游戏”，对小朋友想象力、创造力、抽象能力大有裨益，能满足小朋友的想象，而且屡试不爽。

在美国洛杉矶环球影城的时候，我们本来在哈利波特魔法世界玩得很开心，突然，意想不到的事情出现了——路边出现了工作人员，正在售卖哈利波特的魔法杖，而且价格非常昂贵，最便宜的也要 50 美元一根，税后大概 400 元人民币！而且小萌一买，小乖肯定也会想要买，价格几乎就要过千了，还不一定能玩多久。我心疼钱，没有买给他们。

那一次，小萌破天荒地没有继续要求，而是默默离开了——当时他就读的美国幼儿园已经教了他们东西“贵”和“便宜”的概念，他知道 1 美元能买很多东西，也知道 50 美元不是一笔小的开销。看着他远离的背影，我心里还默默地疼了一下——感觉贫穷限制了我对孩子的养育，颇有些内疚。没想到，很快，小萌跑过来，将手中的导览地图卷成了一根棒子，开心地对我说：“妈妈，你看我给自己卷了一根小萌的魔法杖！”

那天下午，无论走到哪里，他的手里都捏着这根自制的“小萌的魔法杖”，用自己设计的动作和语言，施展魔咒，和想象中的怪物作战。丝毫没有被“贫穷”限制自己的想象力和快乐。他甚至还卷了一根“小乖的魔法杖”，哥俩虽然没有买昂贵的正版魔法杖，但依然开心地玩了一整天。

那一刻，我的心里悸动了一下，感到小萌真的成长了。

3~4 岁孩子的想象力开始猛增，这种假装游戏不仅能培养孩子的想象力，也能解决生活中的一些问题。当孩子进入学校以后，要学习抽象的数学概念、抽象的文字符号——只有当他们运用自己的想象力，在“具象化的现实”和“抽象化的符号”之间自由转换的时候，才能更好地学习各类知识。

当 3 岁后的孩子提出看似“夸张”的要求时，也可以运用这种“假装游戏”满足他们的想象，和他们一起沉浸在想象的体验之中。

游戏 1：下午茶

一起喝下午茶，让小朋友 沏茶、倒茶、喝茶——也能培养良好的餐桌礼仪。这可不是专属于女孩的游戏，男孩子也可以玩。

游戏 2：树叶过家家

天为穹庐，地为家，在大自然中找到落叶当餐盘，小石子、小树枝当作食物和餐具，一起玩吧。

游戏 3：想象之战

喜欢“动手打人”的小朋友会喜欢这个游戏。家长可以口头和小朋友开战：我现在有一个兵，一只老虎加入了我们，我们有城墙，挡住了你们，你们过不去护城河，我们在守卫……这种玩法，我和小萌从曼谷飞去普吉岛的航线上聊了整整一路。

捡破烂，怎么办？

3 岁的孩子，总喜欢将树叶和小贴纸这类小物件乐此不疲地装进兜里，这是一种什么心理呢？

其实，这和孩子的“空间感发展”有关。

我家两个小朋友，大约从 2 岁开始衣服才有了“兜”，3 岁左右，孩子们每天清晨的诉求都是喊着：“妈妈，我今天要穿有兜的衣服！”我在他们衣服上小小的兜里发现过小小的玩具，小小的折纸，甚至是一大堆蜗牛壳，更别提颜色鲜艳的落叶了。

孩子从 2 岁开始，逐渐形成自我意识，以自我为中心，不愿意分享，坚信“我看到的就是我的，我摸到的就是我的，我的就是我的，你的也还是我的”。到了 3 岁，他们逐渐失落地发现世界不是以自己为中心的，心理理论逐渐形成，意识到别人的想法和自己的想法不一样。所以，他们保护自己、获得安全感的方式之一，就是拥有自己的专属空间（private and personal space）。

大到自己独立的房间，小到一块地毯，甚至是自己衣服上的兜，这些都是孩子所认为的个人专属空间。他可以改造房间，可以重新布置地毯，可以在兜里装上任何自己想要的玩具或者树叶等。在没有背包之前，他想要、想带走的东西，只好装进兜里，好让他空出双手来继续探索世界。

对专属空间有绝对的掌控感，有助于孩子建立起胜任感和自信，这能帮助孩子对抗来自父母的要求和控制。苏格兰的学者还研究过私人花园对于 4~6 岁孩子成长的重要性，并认为：相较于增加小区之间的自然场所，当孩子们有更多机会进入私人花园时，他们的心理健康状况，例如多动、同伴问题、行为问题等困难也会相应改善。由此可见，衣服兜这种“专属空间”对孩子的重要性了。

有趣的是，在我家，大宝小萌不会往兜里装东西，他认为家里的一切都属于自己。但小宝小乖从出生开始就会在手里攒一把东西，以及偷偷藏东西——有时候到他睡着时松开手（午睡），我才发现里面藏了一把可可味滋滋……

为了保护孩子们的专属空间，我做了以下几件事：

第一，尽量满足他们“穿有兜的衣服”的诉求。整个夏天他们最喜欢的“有超级大兜”的仿牛仔材质防蚊长裤和九分棉麻长裤，宽松易活动，前后四个兜，充分满足孩子的心理需求。

第二，给他们专属“宝箱”。基本都是玩具礼盒、月饼盒等，用于装他们自己的东西，他们装东西都装得可认真了，怕找不到丢了，每次玩完以后都把东西整整齐齐收起来。

第三，出门带点别的“专属空间”。喜欢昆虫的娃，可以背个昆虫收集罐——兜里抖出虫子的经历，我是不想再有第二次了。喜欢往衣服兜里装叶子的，记得告诉他们，湿嗒嗒的东西一定要装进塑料袋里！

孩子的成长期，确实会有很多让大人觉得匪夷所思的行为——不过，喜欢把东西“纳为己有”的行为是正常的，也是我们开始教给孩子空间概念的契机。

3~4 岁的亲子陪玩

这个阶段的孩子喜欢有逼真细节和活动机关的玩具。他们会对夸张的假想游戏越来越感兴趣，到 5 岁的时候达到顶峰。这时，他们会喜欢用玩偶进行假想游戏。大多数孩子从 3 岁开始逐渐能玩一些有细小零件的玩具了，但如果你的孩子还是喜欢用嘴去啃咬和探索，那需要尽量选择一体化、无细小零件的玩具。

他们喜欢的玩具包括：

推拉类玩具：小型四轮车，有轮子的手推车，类似于成人所使用的剪草机、吸尘器、购物车等造型的推车，以及玩具婴儿车。

骑乘类玩具：三轮或者四轮的儿童脚踏车，有方向盘的玩具，喜欢细节丰富逼真的交通工具，摇摆木马。

户外和健身器材（必须在成人监护下玩耍）：静止的户外攀登设施，有扶手的滑滑梯和阶梯，座椅弯曲又柔软的秋千，平衡木。

建筑类玩具：打磨光滑的木质积木，空心的大积木，塑料大积木，几个锁在一起的塑料环，塑料的螺母和螺钉玩具，以及需要按照特定的顺序组合起来的玩具（爸妈们终于可以和孩子们一起玩乐高了）。

拼图类玩具：3 岁时可以玩 20 片拼图，4 岁可以玩 20~30 片拼图，5 岁可以玩 50 片拼图；数字或者单词拼图；卡片谜语等。

模型制造类玩具：有亮片的串珠，有图钉的挂图板，木板，彩色的立方体，含不同造型磁铁的小黑板。

操纵类玩具：孩子能将玩具按照颜色、形状或者图案分类组合，所以可以购买需要排序的玩具，数字板，有一定规律的嵌套玩具。

运动类玩具：不同大小的球类玩具（球类本身不可太重），双排轮滑鞋等。

装饰类游戏：扣子，挂钩，领带等。

玩水和玩沙类游戏：大型或者小型的玩沙工具套装，吹泡泡，洗澡玩具，泳池玩具等。

玩偶：布娃娃或者橡胶类的玩偶，有头发、会眨眼、手脚能动的类似真人的玩偶，能说话的玩偶，玩偶的套装（孩子可以拿着玩偶去模拟一些生活场景等），迷你的打扫和厨具套装，玩具电话、玩具相机、医护玩具等。

毛绒玩具：软软的动物玩偶，母子类玩偶，仿真动物玩具，能响音乐的玩偶。

木偶：手和手臂能动的木偶，模拟家庭角色的木偶等。

游戏类玩具：多米诺骨牌（有颜色或者数字），乐透游戏，卡片游戏，猜字 / 猜图游戏。

音乐：节奏类乐器（铃铛、拨浪鼓、铙钹、鼓、铜锣、用于击打的乐器棒等），木琴，吹奏类乐器（口琴、喇叭、口哨、笛子等），有发条的音乐盒，钢琴（只有一个音阶）。

阅读：绘本，简单故事，复杂的立体书，细节和内容更加丰富的书籍；其中 3 岁的孩子只喜欢简单的故事（这里现在发生了什么：单一的时间和地点）、动物故事（animal story）、字母、数字、单词和韵律的内容。4 岁的孩子喜欢真实的自然故事（wild story），愚蠢的幽默（silly humor），信息类的书籍，在熟悉的地点和人身上发生的故事。5 岁的孩子则喜欢真实的故事、诗歌、识字读本、有拟人化行为的动物故事。

艺术：多色蜡笔，画板，记号笔，手指画或者吹画，可调整的画架，各种型号的笔刷，黏土工具套装，无毒的颜料，圆头小剪刀，胶水和胶棒，粉笔和黑板，色彩硬纸板，针线包等。

3 岁半的孩子尤其喜欢：

骑乘玩具：低矮的三轮车，带电池的骑乘玩具。

户外玩具：有水平座椅的秋千，绳梯，模拟房屋或者堡垒的户外玩具套装。

运动玩具：轻而软的排球以及球拍 / 球棒，小型足球或者橄榄球，轮滑鞋，风筝，浅水池。

操纵类玩具：镶嵌式积木，毡板，可以学习和重复一些简单的有序动作，可以根据抽象概念（如数字、字母等）排列组合玩具，几何学概念的玩具。

玩沙玩具：沙模玩具，水泵，船模等。

游戏：可以玩一些简单的电脑游戏，例如教授色彩匹配、字母、分类、数字和音乐的游戏。

艺术：逐渐对艺术品开始感兴趣，尤其是模仿其创作程序，此时可以购买儿童工作台、小锤子、钉子和锯子（务必在成人监护下才能使用）。

音乐：能自己按键播放的音乐玩具，简单的视频游戏等。

学习类玩具：磁铁，手电筒，贝壳和岩石，听诊器，放大镜，棱镜，水族馆和陆地动物饲养等，印刷套装，玩具打印机或者玩具电脑，简易计算器。

从 4 岁开始可以逐渐玩一些有小零件的玩具（一开始需由成人监督）。

在这一阶段，有的父母可能会让孩子参与专业的体育项目。然而，研究表明，让 0~5 岁的孩子参加特定的体育项目，对未来的运动表现没有任何长期的好处。我们常常听说奥运会冠军从 3 岁就开始了某项运动，但这并不意味着他们在 3 岁时就开始大量训练或激烈竞争。美国奥林匹克委员会研究显示，大多数奥运会选手称，他们在参与自己所从事的比赛项目时，获得了父母的支持，但父母并没有给他们压力。他们之所以从事此项运动，仅仅是因为热爱，因为享受运动本身的乐趣。重复的动作和长时间的训练，容易使孩子的身体超负荷，从而导致过度使用损伤，如肌腱炎、生长板损伤和应力骨折等运动损伤。

3~6 岁的孩子非常喜欢“非结构化游戏”。

加拿大公共卫生协会（CPHA）指出，非结构化游戏大致包括以下特点：离地游戏（play at heights）、速度游戏（play at speed）、非固定设计场所（play with loose parts）、混乱 / 混战游戏（rough-and-tumble play）、孩子可以“消失”或“迷路”的游戏（play where the children can “disappear” or “get lost”）等。

例如追逐游戏，会让孩子暂时离开地点（跳上台阶、石头），让孩子体验速度感（跑动起来时），可以在天然 / 自然元素的场地中进行，有时混乱（随时改变追逐的对象和方向，甚至躲闪等），可以躲起来或者不知道该往哪里跑，等等，完美地符合了“非结构化游戏”的特点。

这类游戏对孩子也是好处多多。除了常规运动对孩子身体肌群、骨骼、心血管等有好处外，非结构化游戏还被证明可以促进认知技能的发展（注意力、集中力、专注力和记忆力），改善课堂行为。当孩子在具有挑战的游戏中经历各种不确定的风险时，他们会发展出相应的情感反应、身体能力和应对技能，并提高应对逆境的能力。

美国儿科学会建议 6 岁以下的孩子多多参与基本的地面活动，例如散步、跑步、游泳、简单舞蹈、简单的球类运动、简单的武术运动和滑冰等。其中，又以散步、跑步、游泳为优，因为这三项运动能培养孩子的基本运动技能，也对孩子终身安全很有意义。

第二节

行为不良的孩子，是丧失信心的孩子

在开始本节之前，我想先为大家介绍一位现代心理学者阿尔弗雷德•阿德勒。阿德勒和弗洛伊德是维也纳精神分析学会的核心人物，后来由于弗洛伊德过分强调性本能，而阿德勒更强调社会动机和意识，因此两人决裂了。后来，阿德勒创立了个体心理学派，并成为人本主义心理学的先驱，现代心理学之父，其观点对现当代西方心理学的发展都有着重要的意义。现在，我们将阿德勒、弗洛伊德和荣格并称为心理学的三巨头。

阿德勒的弟子鲁道夫把阿德勒心理学应用在儿童教育上，让他的理论在欧美教育界成为被最广泛应用于儿童人格培养的心理学派。在当前热销的心理类书籍排行榜上，我们仍然能看见阿德勒所著的《自卑与超越》、日本岸见一郎所著的《被讨厌的勇气》等重要论著。

如今，在家庭教育和学校教育中都有着广泛影响力的正面管教的理念基石之一，即阿德勒的个体心理学。他们认为，“行为不良的孩子，是丧失了信心的孩子。”

价值感和归属感

什么是价值感？当我们听到这个词的时候，也许会感到陌生，但如果我们换一种说法——自尊，那你一定很熟悉。自尊是指一个人的自我价值感或者自我形象，也是对自我的整体评价。高自尊的孩子往往拥有良好的自我价值感，并认为自我形象是积极的。这种高自尊能够帮助他们对自己的胜任力和价值感充满信心，从而积极乐观地面对一切。相反，一个低自尊的孩子往往会否定自己的能力和价值，容易感到自卑、无助和焦虑。

至于归属感，也称认同感，具体到 0~3 岁的幼儿身上，是指对家庭或组织的从属感觉。对 0~3 岁的孩子来说，归属感的产生离不开家庭。幼儿容易在情感上依赖家庭，尤其会依赖主要的照料人。

阿德勒曾夸下海口称，给他 14 天，就能治愈任何一个抑郁症患者。闻讯者非常惊讶，纷纷前来询问：那么，您要如何做呢？阿德勒说："首先，我会让他从帮助别人做一件事开始。"于是人们又问，如果 14 天还没有治愈呢？阿德勒回答道，那还需要 14 天。14 天真能治愈抑郁症患者吗？这倒未必。但是，这则故事却体现了阿德勒心理学的核心概念之一——价值感。当一个人感到"自己有能力、有价值"，比如发现自己能够解决问题、对他人有帮助时，就会产生自我价值感，从而拥有一往无前的"勇气"。

阿德勒心理学派常常喜欢引用下面这个小故事：一个男子在派对上，试图进入一个新的圈子。这时，大家聊起了艺术方面的话题，梵高、雷诺阿、高更等，男子完全接不上话茬，内心非常不爽。那么，他接下来会怎么做呢？如果他缺乏勇气，就会给自己找各种借口，诸如"艺术太无趣了""艺术又不能当饭吃""不过是有钱人的趣味罢了"——贬低该圈子的人，从而让自己感觉良好起来。阿德勒将这种心态称为"自我合理化"或者"价值贬低倾向”；相反，如果他拥有勇气，就会正视自己的不足，开始学习艺术方面的知识。

阿德勒心理学派认为，行为不端的孩子是灰心丧气的孩子。因此，如果我们能帮助孩子感到被重视，认可自己的价值以及自己的能力，通常是最有效的。

家庭对孩子的影响

不同的家庭氛围，会对孩子的行为造成不同的影响。

在提倡民主的家庭中，父母愿意引导孩子的行为，鼓励他们合作，同时营造出公平、平等和互相尊重的氛围。在这样的环境中，孩子可以放心大胆地表达自己的不同意见，他们会认为自己生活的世界是安全合理的，同时为成年后人与人之间互相尊重的生活方式做好准备。

在专制型养育的家庭中，父母会要求孩子的绝对服从。这样的家庭养育是我们所熟悉的孩子，可能会很礼貌，很听话，同时他也会感到胆怯，甚至小心翼翼地看父母的脸色。听话的孩子看起来很顺从，但他们习惯于先向别人寻求指导，而非独立尝试解决问题，在叛逆期孩子可能会有回避的撒谎和盗窃等行为。在这样的家庭中，孩子往往会被剥夺诚实表达自己思想和情感的自由，还总是被训斥。孩子逐渐学会了如何故作姿态，他不再相信自己的感觉和情感，不知道如何建立甚至避免亲密关系。

有的父母对孩子也许是过度保护的，他们担心一旦孩子遇到困难或不愉快的状况会出现危险或难以应对。殊不知孩子正是通过解决问题来不断学习的，过度保护会剥夺孩子的勇气和自力更生的能力，同时也会让孩子失去从后果中反思行为的机会。这样的孩子也许看上去很有魅力，但同时他被拒绝时也会通过流泪和发脾气来达到目的，因为在父母的过度保护下，孩子的内心是不自信的，他认为自己幼小、虚弱而无助，并且每个人都需要为他服务。

过度保护的另一端是过度放纵。父母会非常关注孩子的需求，并且让孩子浸泡在他们无微不至的关怀和称赞中，将他们当作王子和公主一样对待。在这样的家庭养育中，孩子总是被动地等待着父母的下一次奉献和牺牲，他们可能会避免与其他孩子接触，因为他们难以提供给自己像父母一样的奉献和分享。

前后不一致的父母行为或者隔代育儿之间的冲突，可能会让孩子不知道别人对他明确的期望是什么。研究发现当养育联盟的主要观点出现冲突时，孩子容易发生不良行为的概率大大提升了，因为他们会寻找空子，在不同的问题上寻求不同的人来支持自己，他们缺乏秩序和坚定的纪律，从而难以发展出自律这种重要的品质。如果父母的行为不一致，孩子也可能会无法控制自己的行为。

在父母经常争吵的家庭中，打赢或者吵赢的人有着事情的决定权，这会让孩子认为只有权力才是最重要的。表面上来看，孩子可能变得富有进取性，追求上进和权利，但他们也更容易与人发生争执、尝试违反规则，并可能通过伤害他人来确保自己的需求得到满足。

孩子不该成为出气筒

心理学上有一个著名的踢猫效应，描述的是一种典型的坏情绪的传染。人的不满情绪和糟糕心情，一般会沿着等级和强弱组成的社会关系链条依次传递：由金字塔尖一直扩散到最底层，无处发泄的最弱小的那一个元素，则成为最终的受害者。

你在公司上班，向领导汇报工作，而领导刚挨了上级的批评，于是就转而向你发泄不满，处处挑刺儿。你积了一肚子怨气无处可发，下班回家看到孩子吃饭的时候撒得到处都是，还不乖乖坐好吃，于是你不自觉地就愤怒起来，狠狠教训了孩子一顿。孩子委屈地哭了，恰好这时你家的猫路过，于是孩子忿忿地踢了猫一脚跑回了自己房间。这是一种情绪的传染效应，并且由于存在力量、社会地位、等级的区别，居于弱势的总是只能向比他更弱势的群体发泄怒火。而孩子总是家里的弱势群体，往往就成了这种坏情绪的牺牲品。

有时候我们难免将工作带回家里，在电脑前，忙得不可开交。这时，孩子拉着我们的胳膊说："妈妈我想让你陪我。""妈妈在工作，你先自己玩会儿好吗？"虽然我们这样说了，但孩子不听，爬上你的腿，出其不意地用手胡乱敲打键盘。

"我都说了不许动！你是听不懂还是怎么着！快给我滚出去！"孩子哇地哭了，我们把孩子撵出房间。过了几分钟冷静下来，忍不住在门口看看孩子，发现他在沙发上背着小小的身子抽泣。于是我们的心中万分懊恼：说好了不吼孩子，为什么这次还是没忍住。

晚饭时间，孩子坐在餐桌前左顾右盼，说了半天都不动勺子，终于你忍不住发火，孩子在你的吼叫声中唯唯诺诺地往嘴里塞饭。等孩子"塞完饭"，你才想起来，姥爷一小时前刚刚在外面给孩子喝过一大瓶酸奶。孩子不吃饭其实不是"故意和妈妈对着干"，因为他就是不饿，而给孩子喝酸奶并不是孩子的错，而是姥爷的溺爱。

带孩子打车出去玩，孩子在出租车后座上唱歌闹腾，你淡淡说了句

“别闹了啊。”途中你突然接到了领导电话，由于工作失误被批评了一顿，电话挂后孩子嚷嚷着凑过来，你怒从心头起，对着孩子屁股就是一巴掌“再吵再闹就扔你下车！” 这个场景里，孩子一直都在吵闹，你从起初的一直无视到后来的突然暴怒，其实就是因为那一通电话，被领导批评后“有了怨气”，恰好这个时候孩子闹腾，于是顺势发泄在了娃身上。

生活中，这种例子太多太多了。我们成人的坏情绪，可能源于孩子，但多半来自没能达成所愿的愤怒，或者做错事导致坏结果的懊恼。孩子不听话不吃饭，浪费了几小时的辛勤劳作；孩子车上闹腾嚷嚷，显得自己很无能没有管教好孩子…… 大多数时候，当我们把这些负面情绪发泄完后，往往会感觉好很多，但事后又会觉得后悔甚至愧疚。

长期面对最亲近人的怒火，孩子会承受巨大的压力，这些压力可能引发孩子生理不适、规避性或破坏性行为、情绪失常或消极性格等。长此以往的情绪化育儿，可能会导致孩子患得患失、充满疑惑，搞不清楚规则和边界。

在这样的家庭中，孩子可能会成为父母怒气的替罪羊，掩盖了父母自己所遇到的问题。这样的孩子可能会通过伤害别人来将自己的负面情绪转嫁出去。

总的来说，如果孩子无法感受到被接受和被爱，可能无法信任自己以及他人。当父母无法接受孩子的正常情绪和需求时，孩子在内心中会为自己感到难过，甚至可能激发进一步的痛苦，以获得父母的同情。父母如果不能很好地直面自己的问题，变得灰心丧气而无法鼓励孩子的话，孩子可能会退缩到幻想中，或者陷入绝望中，产生一系列自暴自弃的行为。

完美主义对孩子的影响

如果父母对孩子有过高的期望或目标，当孩子感到自己无法达到期望时，可能就会灰心丧气，即使他表现出色，父母的完美主义也可能影响他，从而过度担心自己可能的失败。美国心理学会认为，完美主义是这样一种趋势，它会要求他人或自己达到极高甚至完美的水平，且远超情况所需的要求。澳大利亚临床预防中心（Australia Clinical Centre of Prevention）则提出“完美主义”有三大要素：在个人方面，对自己和（或）他人有着极高标准的要求，甚至是“无情的标准”；对自我价值的判断，很大程度上取决于争取和实现这些“无情的标准”的能力；“无情的标准”会让人为此付出巨大代价，但仍要继续努力。

“高标准、严要求”能帮助我们和孩子做得更好；但如果这些目标不切实际，要么无法实现，要么需要付出巨大代价时，就会令人陷入巨大的压力之中，这正是完美主义最显著的问题。如果父母设定的目标难以企及，那就是“完美主义”。

比如，3 岁的孩子愿意数数，我们鼓励他从 1 数到 10，再从 10 数到 20，这就是“追求卓越”；但如果我们要求他会背诵数字顺序，也能将数字顺序与苹果个数对应上，那就是“完美主义。”因为，会背诵数字的顺序，还暗含着对两个概念的理解：一是理解一个苹果对应一个数；二是了解数到几就是几个。而父母之所以设定难以企及或者需要付出巨大努力才能完成的目标，主要原因是不了解孩子的发展阶段，他们早就忘记了自己对于 20 以内加减法的熟练程度是历经了大量训练后才拥有的，却要求孩子能一步登天的达到自己的水平。

以结果评价孩子的价值，会忽略孩子的闪光点。家长所树立的标准往往是可考量的“结果”，而非孩子努力的过程。比如，孩子的数学考试拿了 90 分，本来心里还挺高兴，一看同学都拿了 100 分，90 分就在班里垫底了，心态瞬间失衡，就开始批评孩子为什么考得这么差。事实上，其他孩子考得好的背后，也许是天赋不同，也许是课后时间付出了更多的努力，也许是家庭氛围的影响。忽略这些关键因素，仅仅盯着孩子的成绩，达标就和颜悦色，不达标就冷嘲热讽，这种做法会让孩子认为父母对成绩的重视超过了对自己的重视，由此引发很多家庭矛盾。

以固化的标准评价孩子，会令孩子丧失价值感和胜任感。丧失了信心的孩子，会在很多方面表现得越来越差。比如，那些被成绩所衡量，贴上“差生”标签的孩子，会出现更多的行为问题和心理问题，也是班级里常常以作弊手段来获得家长认可的孩子。

有的父母甚至会以“最好”来要求孩子。比如孩子目前的成绩位于班级中下游，他努力了，取得了进步，但家长简单肯定两句后，就转为“还不够，还得继续努力”，甚至认为孩子的进步还达不到自己的要求，从而令孩子丧失继续前进的动力。

被“贴标签”的孩子

父母，尤其是老人，在批评孩子的时候，常常容易贴标签。

“你这样做，就不是好孩子了！”

“你怎么这么坏，能对自己的亲弟弟下手？”

“你怎么能对妹妹这么重地拳打脚踢呢？”

这些说法非常容易强化孩子不良的行为。有的孩子会因此自暴自弃，认为反正都不是好孩子，也就没必要表现好了，反正自己坏，干脆就做个坏人；大多数孩子会觉得自己受了冤枉，当他认为成人并不了解自己的时候，心里自然产生了隔阂，不想和成人进行深层次的沟通，因此接下来的话也听不进去了。这也是为什么总有父母抱怨，什么都跟孩子说了，为什么孩子就是不听呢？

虽说忠言逆耳利于行，但事实上，很难有人能听得进去直接的批评。作为成人，我们尚且会因为被批评了，就认为对方不理解自己，从而竖起心防，拒绝采纳建议，更何况孩子。

甚至那些被贴上正向标签的孩子，也可能会被标签所累。那些被贴上聪明标签的孩子喜欢被人夸聪明，但为了保住聪明的标签，他们会害怕尝试新的事物，他们担心自己出错了就会失去聪明的标签。当他们深信自己很聪明，所向披靡时，遇到真正的问题，心态就很容易崩塌，并认为自己可能并不聪明，从而在遭受打击后难以再次站起来。

我们常说父母是孩子最信任的人。但事实上，很多时候父母对孩子的贴标签、消极言论、忽略和讽刺等，会不知不觉破坏和孩子之间的亲密关系，从而让孩子关上心中那扇门。当孩子无法从离他们最近的人——父母身上得到及时的鼓励和肯定时，就会对自己产生怀疑和不自信。

过时的养育方式

无视事实的夸赞

我们都听说过这样的育儿理论“父母一定要表扬自己的孩子，因为来自父母的肯定会让孩子建立起自信”。事实真的如此吗？

在某个选秀类的节目中，一个孩子被淘汰了，主持人请孩子的妈妈上台安慰孩子，而妈妈第一句话就是："儿子，你是最棒的！"明明第一轮就被淘汰了，但妈妈开口就说孩子是"最棒的"，为什么最棒的还会被淘汰呢？孩子会认为自己受到了欺骗，由此对妈妈的安慰不买账，依旧不停地流泪，依旧一脸不自信。

有的父母认为，我们要给孩子一个"爱心储存罐"，给孩子无穷无尽的爱：如果孩子想要一块巧克力，那么我们就给他十块巧克力，这会让他知道，第一个巧克力是他想要的，剩下九块巧克力是我们对他的爱。

事实真的如此吗？有个妈妈一直尽自己所能给予孩子最好的一切。孩子喜欢吃鱼肉，妈妈一直假装自己只喜欢吃鱼尾；给孩子买各种各样的新衣服，妈妈一直穿着旧衣服；给孩子琳琅满目的玩具，妈妈却不舍得给自己换个手机。上了公交车以后，孩子一屁股坐在唯一的空座上，丝毫没想到要给抱了自己一路的妈妈让座。

有的父母学历高，能力强，很敬业，事业上很成功，性格也很强势。这样的父母往往对自己的孩子要求也很高。他们不由自主地拿自己的孩子和同事、朋友的孩子做比较，一旦孩子落后，就觉得自己好像"输了"。甚至从孩子刚出生起，就报名各类兴趣班，生怕孩子输在起跑线上。

父母对孩子的高标准、严要求，会让孩子感受到较大的压力。孩子越小，越难以应对和处理压力，即使孩子已经长大到拥有足够的心理弹性，能"化压力为动力"了，也会认为父母并不承认真实的自己。孩子一直试图向父母证明自己，由此造成的悲剧，难道还少吗？

在我们眼中，孩子是上天赐予的礼物。他们有完美的肌肤，完美的笑容，完美的一切。这也是为什么我们喜欢在朋友圈刷屏发孩子的照片的原因。有位妈妈曾说，自己非常喜欢夸赞孩子，直到有一天，她不由自主地说出了："宝宝，你刚才放屁了吧！真香！"这样的话，才意识到自己已经走入了误区。

自信来自于战胜困难和走过失败后对自我价值的肯定，而不是盲目相信自己是最棒的。一味地鼓励和赞誉，只会让孩子难以接受真实的自己，变得不自信。真实的生活中，孩子难免会跌倒，会遇到强劲的对手，会遇到暂时难以逾越的鸿沟和障碍——我们应该教会孩子的，是如何面对失败，面对自己真正的实力，再在这一基础上去奋斗、去拼搏。与其在孩子失败以后还说"你最棒"，不如告诉孩子，哪怕不是最棒的，哪怕失败了，你的努力和付出也是有价值的。

母爱是无私的，父爱是深沉的——但是，我们并不是孩子的奴隶，孩子也不是依附于我们而存在的。有的父母一直无私地为孩子奉献，甘愿让孩子"啃老"，哪怕孩子结婚生子有了孙子以后，还是自己来带孙子，儿子却打游戏到深夜，睡觉到中午。有的妈妈不愿意自己的儿子早早结婚，希望儿子能一直陪在自己身边，即使结婚以后也想方设法地介入儿子的婚姻，和媳妇抢夺儿子的心。也许你嫁的就是这样的男人，你遇到的就是这样的婆婆——那么，我们更要培养起自己和儿女之间良性的关系，成为下一代的"中国好公婆""中国好岳父 / 母"。

我们爱孩子，也要教会孩子如何去爱。所谓"无私"的父母，实际上是完全以孩子为中心，这会日益强化孩子的自我中心意识，让孩子的心中只有自己，没有别人。当然，在婴儿前 3 个月时，需要第一时间满足他的需求，满 4 个月以后，除非是警报式的哭喊，否则不必第一时间赶到；在孩子 3 岁前，他会认为世界是以自己为中心的，我们可以尽量满足他的需求，但是此后，就要开始慢慢给孩子讲道理——否则，爱，就会变成溺爱。

在成为更好的父母之前，我们首先要成为更好的自己——爱孩子，但也要有自己的生活。哪怕是所谓“全职妈妈”，也需要有自己的生活。

过高期望的弊端

在现实生活中，强势的父母常常培养出弱势的孩子。对孩子期望过高，容易扼杀孩子的潜能，阻碍孩子的发展。即使嘴里说着“我不给你压力”，但孩子照样会感受到无形的压力。记得我自己上初中的时候，我的父母也一直说“我们从来不给你压力”，但是考试跌出前三名，他们就会在饭桌上问：“没考前三还要买漫画吗？”孩子是很聪明和敏感的，哪怕你嘴上不说，各种细节也能让孩子感受到压力。 更何况，强势的父母对孩子的期望更高，给孩子造成了更大的压力。

调查发现，很多高学历的父母喜欢拿自己作为孩子的比较对象，要求孩子以自己为榜样去努力。他们会说：“当年我……看看你现在……”，或者“我在单位……你在学校也应该……”，对孩子的要求会比一般父母更高。但是，父母的成熟是经历了多年的挫折、磨炼才修炼而来，怎么能以此去要求孩子呢？对孩子抱有过高的期望，会让我们难以看到孩子的长处，进而给孩子更多的消极评价和消极的心理暗示，对孩子多采取严格甚至苛刻的教养态度，导致孩子的不自信和压力。我们要做的是降低对孩子不切实际的期望，发现孩子真正的闪光点，帮助孩子的心灵健康成长。如果连我们自己都不能接受真实的孩子，那还指望谁来接受孩子真实的一面？

更值得我们做的，是以下几点：

第一，学习和了解孩子发展所必经的阶段。学习了 4 岁以前的孩子大多数没有发展出分享心理的理论，就不会强求孩子和别人分享自己最爱的玩具，而惹得孩子嚎啕大哭，自己还觉得挺抱歉没有养出一个“乐于分享”的孩子。越是了解孩子的现状，就越是容易理解孩子的行为，也就越不容易给孩子定过高的标准。

第二，协助孩子设定合理的目标。所谓合理的目标，其实是能让孩子“踮起脚就能摸到”的个人化目标。不以最终的成绩来考评孩子是否为优生、差生，而是在孩子学习的阶段中不断予以鼓励，帮助他设定可实现的、分解难度的、一步步可达成的目标。这种目标的设定，不仅是家长单方面的要求，更多了孩子的参与。兴趣高涨的孩子也许会为自己制定过高的目标，但跌倒后也容易丧失信心，所以父母需要帮助孩子设定从现实到“过高的目标”之间可一步步实现的路径。

第三，尊重孩子的“自我意识”。有的弯路孩子必须自己去走，有的经验必须由孩子自己去积累。一方面是时代不同，我的经验未必适用于他；另一方面是我不可能控制孩子的选择，更重要的是学会放手。我们在工作中总是期望沟通是朝着利于自己的方向进行的，在生活中可能也存在同样的倾向。当我们意识到“沟通是关于妥协的艺术”时，就能更好地尊重孩子的自我意识，放下对孩子的控制欲。

“赏罚”教育真的好吗？

最常见的赏罚分明，实际是用外在的动机来要求孩子外在的表现。

孩子很快就会将奖励视为自己的权利，并且要求对自己一切良好的行为获得奖励，否则他就拒绝执行。例如当我们为孩子洗碗提供 1 元的物质奖励后，很快他就学会了通过扫地、擦桌子等各种方式来获取相应的物质奖励，然而一旦我们撤销了这样的物质奖励，他们就会拒绝再洗碗、扫地和擦桌子，并为此忿忿不平。

那些常常被惩罚的孩子，很容易以惩罚自己的方式将报复的矛头转向父母。他们会通过不吃东西或其他令父母感到担心的不良行为来进行报复。一位爸爸说他家 3 岁的孩子已经很久没有尿床了，然而最近一个星期，却频频尿床，他很生气。在我们的进一步交谈中他提到，一周前，孩子因为故意在床上跳而被他打了一顿——孩子确实不再在床上跳了，但晚上却一直醒来，且不断尿床。当我们聊完后，这位爸爸已经意识到了问题所在。接下来他和孩子进行了一番沟通，坦诚自己当时没有控制住爆发的情绪，并且表达了对孩子一如既往的爱。自那以后，孩子的尿床行为又一次奇迹般地消失了。

当我们使用惩罚这一管教手段时，务必小心逻辑后果和自然后果之间的区别。

自然后果是指孩子的行为所带来的直接结果，例如他碰到开水以后会烫到手，这就是直接的自然后果，又比如他如果不收拾好玩具，下一次可能就找不到自己心爱的玩具在哪儿了，这也是直接的自然后果。逻辑后果则是由父母所决定的，如果违反了某些规则后将会带来的结果。

自然后果往往是有效的，当孩子碰到开水以后感觉烫，那么下一次他就会在热气腾腾的液体前变得小心谨慎；然而逻辑后果很可能取决于父母自己所拟定的规则。因此我们需要更谨慎地采用逻辑后果，因为它只有在父母和孩子之间没有权力角逐的情况下适用，否则就会沦为一种惩罚性的报复。

在上文所提到的例子里，孩子自己用手摸了很烫的杯子，被烫到了，这就是“自然后果”。家长不是故意让孩子受伤的，而是孩子自己选择主动伸手去摸滚烫的杯子所导致的烫伤。从此，他就知道了自己的选择所导致的后果，从而不再主动摸烫的杯子。孩子的行为及结果与家长完全无关，因为烫的杯子没有选择权，无论谁摸它都会被烫。相反，如果我们因为“明确告知孩子不要摸杯子，但他却违反了规则”而选择打孩子，就是父母主动选择的“惩罚”，也即“逻辑后果”。

“逻辑后果”很容易随着具体情况不同，甚至父母心情不同而发生改变。

当我们心情好的时候，很容易原谅或者纵容孩子一些看起来并不要紧的行为：说一句寻常的脏话没什么啦，扔一件容易收拾的东西无所谓啦，暂时不收拾也没关系啦——可是，当孩子说了一句真正的脏话，把蓝莓扔到了我们新买的白色衣服上，把所有玩具洒得满地都是的时候，我们却很容易暴躁。若是撞上我们心情不好时，则很可能立即以打骂作为结局。我们提倡前后一致的原则、提倡父母能控制好自己的情绪，如果做不到这一点，就要谨慎地使用“逻辑后果”。

当然，我们也不能因为害怕“惩罚”的消极作用，就不敢“管教”孩子。因为管教和惩罚并不相同。

管教是一种教学方法，也是一种增进良好亲子关系的方法。当你管教孩子时，你应该用坚定的语气给予孩子表扬和指导，以改善他或她的行为。惩罚是负面的，当你的孩子做或不做某件事时，你就会产生不愉快的后果。

惩罚是管教的一部分，但只是一小部分。直到 3 岁甚至更晚，孩子们才会明白惩罚的概念。在 0~3 岁的亲子沟通中，设定限制比惩罚要好得多，因为大多数孩子会对清晰、冷静和果断的限制做出反应，而惩罚可能导致孩子缺乏被爱的感觉，甚至认为被父母推开了。

有时候，纠正孩子的不良行为，根本不需要惩罚。

当孩子不好好吃饭时，家长故意装出饭菜很好吃，要和孩子抢着吃的样子，孩子就会开始争抢食物——这是积极示范的力量；当孩子往盥洗池上吐牙膏沫，还得意洋洋地看着你时，不去打骂，而是告诉他可以通过和父母合作，来获得内心的价值感和归属感——这是从满足孩子的需求去解决问题；当孩子拖拖拉拉不愿出门时，家长蹲下来亲亲孩子，平和地将孩子带向出门的方向——这是以肢体和非语言的信息传递给孩子“我很爱你，但我们真的要出门了”等。

除了“惩罚”，身为父母的我们，其实还有很多很多积极轻松的工具可以打断和纠正孩子的不良行为，这些方法我们将会在后面的章节中分享给大家。

第二章

“听话”与否背后的深层原因

当我们谈“听话”时，我们谈的是什么呢？

对大多数父母来说，听话意味着孩子需要听从自己的指令，我说什么他就做什么，这就是听话的孩子。

然而，听话包括两方面，即父母的指令和孩子的服从。这就会相应衍生出三方面的问题：

1. 指令本身的内容：指令是适宜的吗？是父母和孩子双方都认可的吗？

2. 指令的传达方式：指令是清晰的吗？父母有没有将自己真正的想法和希望孩子做的事，准确明白地传达给孩子？

3. 指令的执行情况：孩子需要都听从父母的指令吗？如果没有父母的指令，又该听令于谁？

在这一章里，我们聊一聊，让孩子“乖乖听话”背后的深层原因。

第一节
谁最希望孩子听话

并不是每个父母都认为孩子应该乖乖听话，实际上，从养育模式（Parenting Style）来讲，专制型的父母是最希望孩子能听话的。

四种典型的养育风格

1967 年，鲍姆林德（Baumrind）提出，养育方式与孩子的行为之间存在密切的关系，并将父母的养育模式分为了四大类。1983 年，麦可比（Maccoby）和马丁（Martin）根据父母给予孩子温暖和情感的方式，以及父母接受、控制或参与的二维框架扩展了鲍姆林德的理论，将养育模式大致分为以下四类。

高回应，高要求：权威型父母

1991 年，鲍姆林德认为权威型父母对孩子的成长表现出高度的热情，又表现出高水平的控制力。在养育方面他们倾向于对孩子寄予很高的期望，同时向孩子清楚的说明规则，并常常与孩子们交流。研究发现权威型父母的养育会促进孩子在能力、成熟度、自信和自控能力等方面的发展，因此，目前学界认为权威型的养育方式可能是最有效的。然而这一养育方式对父母的精力和时间要求也是最高的，如果家庭生活存在巨大的金钱等压力，父母便很难做到权威型的养育方式。不论在东方还是西方，社会经济地位较高的家庭中，父母更倾向于采用民主和相互尊重的养育方式；而社会经济地位较低的家庭，更倾向于采取专制和以父母为中心的教育方式。

高回应，低要求：放纵型父母

放纵型的中文译名听起来有点奇怪，实际对应的英文直译过来应该是“允许型父母”。这类父母表现出对养育孩子的高度热情和很弱的控制。对于孩子来说，他们的行为更像是朋友而非父母。放纵型的父母，家庭中几乎没有规则，对孩子也很少有期望或指导，非常类似我们所听到的“散养”或“放养”。他们是爱和自由的倡导者，往往对孩子的要求不高，也很少主动去控制孩子的行为，并且令孩子对行为的边界感到很模糊。研究发现，如果这类父母在养育中采取宽松放纵式的养育，将可能导致孩子社交能力和学习成绩的下降，同时还会带来性格上的专横、依赖及冲动行为。放纵型父母养育出的孩子，通常自控能力和自我期望不高，难以坚持，且情绪自控能力稍弱。

低回应，高要求：专制型父母

专制型的父母更像是独裁者，他们对于孩子采取高度和严格的控制，但回应程度和热情程度比较低。在养育方面，他们会采取严格的纪律和规则，和孩子的谈判及沟通相对较少。这类父母对孩子也有很高的期望，但是对于规则的灵活度有限，经常使用惩罚手段，在管教孩子的时候，也通常只是单向沟通。专制型养育的父母，容易养育出和他们敌对的孩子，甚至有可能会让孩子加倍地叛逆等。当孩子的内心缺乏对事情的掌控时，可能处于焦虑状态，并且容易失去独立探索，从而发展自主权的机会。刚刚我们提到，这类家庭通常社会经济条件较低，父母也很难有足够的时间和精力投入到对孩子的热情和回应之中。专制型的养育容易滋生孩子的不良行为进而使家庭承受更大的压力，甚至会加重贫困家庭的经济压力。

低回应，低要求：忽略型父母

忽略型的父母对于孩子的养育存在很低的热情，同时他们也不会过多控制孩子，因此，更谈不上任何特定的管教风格。这类父母容易让孩子拥有过多的自由，而且由于他们对孩子既不要求也不回应，因此容易导致孩子的行为问题且容易导致忧郁。在青少年阶段，这类孩子容易感到父母高水平的排斥，容易表现出更多的外在不良行为，包括攻击性行为，注意力问题乃至违法等。相较于那些在充满着爱和接纳的家庭环境中成长的人，忽略型父母养育出的孩子，对于问题的处理效率也较为低下。

养育风格与“听话”

在这四类典型的养育风格中，权威型和专制型的父母可能是最希望孩子听话的父母。但这两类父母通常会采用不同的养育方式，专制型的父母希望自己的命令毫无疑问地得到遵守，并且依靠惩罚威胁等方式来控制孩子，而权威型的父母，则鼓励孩子自己思考并承担起相应的责任。

在养育联盟中，我们当然无法要求所有父母都成为权威型养育的父母。那么我们通常所说的“一个唱白脸，一个唱红脸”这样的分工养育方式会更有利于孩子的成长吗？研究发现并非如此。更好的方式是让孩子至少拥有一个权威型养育的父母。

当我们过于期待孩子听话时，有可能从权威型父母转为专制型父母。起初我们可能会鼓励孩子提出问题，并解释规则背后的理由。我们不愿意通过羞辱、撤销关爱或惩罚等方式来控制孩子，但如果我们在尝试与孩子沟通的时候屡屡失败，就有可能重拾专制型养育的工具，并且将目标定位为“有效”，尤其是“短期有效”的养育方式。

然而研究发现，当孩子出现不良行为时，父母通过严厉的惩罚，或其他形式的心理控制，来强制他们表现良好，未必能带来长期的行为改善，反而会使情况越来越糟。马丁•平夸特（Martin Pinquart）等研究者发现，严格的心理控制实际上容易随着时间的推移促使孩子的行为问题恶化，从长期来看，发展出更多的外在不良行为。这可能是因为孩子的成长伴随了更多的独立性、力量和自由，也越来越容易推翻或绕开父母的惩罚，以往的专制型工具就会慢慢失效，并且让孩子和父母之间的情感纽带愈加疏离。

专制型家庭的孩子，也许很听父母的话，但却可能在社交方面存在一些问题，并更容易卷入校园霸凌等问题之中。来自对美国青少年的研究发现，拥有专制型父母的青少年最不容易加入同龄人的社交生活，并且被认为自力更生的能力较差。

这种影响不仅表现在西方文化背景下。一项对北京二年级学生的研究发现，专制型家庭的孩子被老师评为社交能力差、更具攻击性、被同龄人接受的可能性更低，其他在中国开展的研究也认为专制型养育所施行的惩罚可能会导致孩子较差的社会功能。

专制型家庭养育出的听话的孩子可能会面临更大的焦虑，自卑和抑郁的风险。2016 年一项针对中国双胞胎的行为遗传学研究发现，即使考虑到基因的影响，专制型父母的养育也更可能让孩子面临精神问题。在中国进行的其他研究表明，当孩子在自控方面遇到困难时，专制型的养育风格可能会提高孩子患抑郁症的风险；同时这类家庭的孩子，往往自我调节情绪的能力也更弱。

如果父母对于孩子有过高的期望，或者采用严厉的体罚或冷暴力等方式来管教孩子，其压力会影响到孩子的思考、行为和感觉的方式（Zeitlin, 1994），主要包括以下几个方面：

1. 生理。引起头疼、肚子疼、睡眠障碍、如厕困难、免疫力下降等。

2. 行为。引起规避性行为，如回避他人目光、很少交流、独自流泪等；破坏性行为，如顶撞父母和老师、破坏玩具等；倒退性行为，如尿裤子、咬指甲、口吃等。

3. 情绪。引起情绪失常，如闷闷不乐、爱发脾气、缺乏信心、不活泼等。

4. 性格。引起性格改变，如易躁易怒、爱钻牛角尖、退缩孤僻、不合群等消极性格。

从 20 世纪 80 年代开始，心理学家又观察到另一种现象，即那些曾经经历过严重压力和逆境的孩子，长大成人以后并没有产生明显的心理社会功能问题。研究发现，心理弹性儿童对他人的心理揣测能力（mind reading），以及其心理理论（theory of mind）要优于缺乏心理弹性的儿童，具备更积极的人际交往特征，更倾向于谨慎的认知，并能调配更多的社会资源应对压力和逆境。要注意的是，能“越挫越勇”的孩子，首先要发展出健全的心理揣测能力和心理理论。因此，孩子越小，越不要给予他们太大的压力。

因此，如果追求孩子“听话”的短期有效沟通方法，我想这本书对你的参考价值就不大；但如果你希望养育出离开父母的视线范围后还能遵守规则、尊重别人、易于沟通，这种“听话”的孩子，那么相信你能从后面的章节中获得一些启发。

孩子对父母养育风格的影响

父母的养育风格也可能受到孩子先天气质的影响。

1977 年，托马斯·亚历山大等心理学家通过长期以来对 140 余名婴儿成长到青年的追踪研究显示，从降生伊始，孩子就可以分为三类：容易型婴儿（easy babies）、困难型婴儿（difficult babies）和慢热型婴儿（slow-to-warm-up babies）。学者进一步研究发现，大约有 41% 的孩子属于容易型。他们对变化呈现出低至中度的反应，适应力较高，很容易就形成正常的睡眠及饮食习惯；其余 59% 的孩子则属于困难型和慢热型，养育这类孩子，可能更容易给父母带来焦虑和压力。

孩子的先天气质本身并无好坏之分。气质就像一颗种子，也许是玫瑰种子，也许是仙人掌种子。种子本身并无好坏，就像玫瑰有摄人心魄的美，仙人掌也自有其顽强的生存力。每一种不同的气质，都有其积极和消极之处。在养育初期让家长倍感轻松的容易型婴儿，未来可能形成沉着、冷静的性格，也可能变得不够灵活、缺乏朝气。

一个先天气质为困难型的婴儿，其与生俱来的性格就是更容易冲动和发脾气。他的成长将会不断为父母的管教带来各种挑战，他这种挑战可能使得父母情绪低落，因为他们发现大多数互动的结果都是负面的。他的父母可能会加倍努力，也可能会采用更多短期有效的惩罚和专制的方式。如果这样的尝试不断失败，他们可能会感到无助，并放弃最初的育儿标准。

在这一过程中，我们可以看到父母的养育风格从权威型变成专制型再到放纵型，由此可见孩子的先天气质，对父母养育风格的影响。最初他们可能试图学习成为权威型父母，但孩子的先天气质让他们偏离了预期——父母和孩子的影响，通常也是双向的。

“爱其子，则为之计深远”，当我们希望教导孩子能拥有长期效果时，不妨多投入点精力和时间，成为“权威型父母”；如果我们过去曾采用了专制型的惩罚，请专注于未来的养育：重塑亲密关系，增加亲子陪伴，给予积极关注，即使是从现在开始做这些事，也会有相当积极的效果。

第二节
对“听话”的再思考

孩子的失控，是父母“逼”出来的

没有孩子天生就是失控的：从发出请求到失控，一定是有一个过程的。不知你有没有观察过，即使是襁褓中的婴儿，当他感到饥饿时，第一时间也不是大哭，而是把嘴凑近妈妈的乳房去寻找吃的，除非找不到，或者一直吸不出奶，才会由啜泣慢慢变成嚎啕大哭。

“妈妈，我想吃巧克力。”孩子一开始是平静地、甚至微笑着说的。

“不行。”你回绝他，因为你知道现在吃了巧克力，一会就吃不下饭了。

“妈妈，我想吃巧克力！”孩子被拒绝，于是开始提高嗓门。

“都说过了，不行。”你觉得已经跟他说得很清楚了，不懂他为什么还要问。

“可是，妈妈我就是想吃巧克力！”孩子的哭腔已经蓄势待发。

“说不行就是不行，你没长耳朵吗？你听见妈妈说什么了吗？”你觉得孩子在无理取闹，明明听见了不行还喋喋不休地纠缠。

“哇——”孩子开始放声大哭。

“啪！”你觉得他在耍赖，他不听话，于是你愤然出手了，边打边训斥："说了不行，就是不行，你还哭！哭有用吗？哭能解决问题吗？都说了不行了，干嘛还一直吵着要巧克力？啊？还哭？造反了你！"

不知不觉你已经开始失控了，但孩子的哭声就像是巴掌的催化剂，直到你意识到，他的"错"并不足以让他挨这样的惩罚，已经晚了。于是你开始觉得内疚，默默地给他买了巧克力；或者家里其他人看他哭得可怜，在你离开后，偷偷给他买了巧克力。

又或者，你是从来不打孩子的妈妈，也许当孩子开始哭的时候，你们还身处某个不能大声吵闹的公共场合。所以，为了平息孩子的啼哭，你立刻改变了自己前一秒的观点，对孩子说："行行，别哭了，不哭就给你买巧克力！"

回想一下每次孩子大哭的场景，他们真的不是一开始就失控的，一定是当自己心心念念的希望破灭时，才会抑制不住地嚎啕大哭。而破灭这些希望的人，可能正是我们自己。

所以，从某种程度上来说，孩子的失控，可能是被父母或老人一步步"逼出来"的，因为一开始没有敏锐察觉他们的需求并找到合理的解决方案；也可能是被我们所"惯出来的"，因为他们一哭，我们就容易心软了、动摇了、改口了，让他们知道哭或者失控是有效的，最终能帮他们达成目的。

孩子从正常的情绪到失控，一般会经历三个阶段：

阶段一：遭遇挫折或不满。

阶段二：生气、发火。

阶段三：歇斯底里、失控。

研究表明，我们到了情绪的第二阶段，即开始生气、发火的时候，情绪会卡在某个死角出不来，从而造成这样一个死循环："生气→卡住→更生气→卡住→加倍生气……"。生气的情绪不断加强，最终就容易直接失控。这也是为什么我们经常会觉得"越想越生气""越吵越来劲"的原因。

与其考虑如何在孩子失控以后再去控制局面，不如在孩子失控以前，就将他从卡住的情绪中带出来。妈妈们会发现，每个孩子发脾气的模式是不一样的：有的孩子会嘟嘴、皱眉，有的孩子会发出"嗯呜呜呜"一样的声音，有的孩子会跺脚、开始跳，有的孩子会直接说"我很生气！"

这时，就要采取行动了！比如标准的处理流程通常是：首先，尽可能带孩子离开事发现场；其次，让孩子以适当的方式将情绪发泄出来；第三，肯定孩子的情绪，表达你的理解；第四，孩子稍微冷静后，谈谈刚才发生的事；最后，重新审视令孩子发火的事，提出一些别的可选的建议。

有的父母会在孩子说"我很生气"的时候，暴踢孩子一脚，大吼："你生气？！我还生气呢！！"这种处理方式，简直太糟糕了！记住，当你也快情绪失控的时候，不要试图处理孩子的情绪问题。先自己冷静下来，再和孩子交流。重要的是，接受孩子的情绪，给他们别的选择。

孩子的笨拙表达

晚上，我坐在电脑前码字，小萌突然跑过来，手里还晃着一本残破的日历。

顿时，我的无名火就上来了！这可是我早上刚收到的新年礼物，本来打算送给朋友，结果稍不留神，崭新的日历就让这小子给"祸祸"成这样，不仅封面涂得乱七八糟，纸张的页脚也都翻卷起来了！刚半天时间就有了这等"杰作"，换谁不生气呢！

我闭上眼睛，长长地深呼吸了几遍，然后努力保持平静地对他说：“你要让妈妈看什么啊？”

“妈妈，我给你看我画的！”小萌兴奋地说，完全没有留意到我一秒前随时可能爆发的隐藏怒火。语毕，他就翻开日历，一页页让我看看他的成果。“妈妈，我厉害吗？”小萌开心地看着我，“你看，我自己都会写这些数字了！”

这可真是惊呆了我。原本以为他在搞破坏，谁知道他看到了日历上的数字，于是自发地、主动地开始照着数字来临摹。3 岁多的小朋友，居然能“画”出基本的数字，而且还像模像样。再往后翻看，他的数字居然写得越来越好，一开始把数字 6 写成“b”，翻到数字 16 的地方，居然能把上端的弧线也描摹出来。而且一开始他还在用我教给他的“以点描线”写数字，后来竟然脱离了打点，直接将数字的整体形状记在脑中，下笔就写了。顿时，我的怒火就像漏气的气球一样，“呲”一声全消了。

想来有点后怕，如果当时我没能忍住怒火，看到被他糟蹋的新日历就先指责他一番，对他描摹数字、主动学习的热情，该是多大的打击！还好我忍住了。但有时候就不太幸运，我们往往在大发雷霆之后才发现，原来孩子的初心是好的，只是他们表达得太笨拙和稚嫩罢了。

小萌念幼儿园小班的时候，有一天我接他放学，班主任跟我说：“今天实在是太不好意思了，小萌让我可感动了。”原来在排队下楼的时候，班主任看见站在第二的小萌，将站在第一的女生给推开了，于是训了小萌，最后问他，为什么要去推其他同学。

“因为她不能站得离门那么近！”小萌的眼泪含在眼眶里，“她把位置都占满了，老师就没有位置了。老师才应该站在最前面……”

班主任大为感动，尽管小萌推搡同学的做法是要批评和纠正的，但孩子纯真的童心，却是值得珍视和保护的。

我们常常希望小朋友有“同理心”，希望他们能去理解别人，也理解我们。但有时候，没有“同理心”的，可能恰恰是我们自己。有次我在机场候机，看到对面的小男孩一直去抢妈妈的手机，在争抢过程中，手机掉到了地上，屏幕摔碎了。男孩的妈妈显然非常生气，抬手就给了男孩一巴掌，然后一直都在骂骂咧咧。但男孩并不是故意想要去摔碎手机屏幕，也不是想夺过手机来玩，他唯一想要抢到的，是妈妈对自己的关注，是妈妈给自己的时间和陪伴。

类似的事情还有很多。

小朋友“不听话、做错事”时，父母该如何处理？有时候孩子看起来是做错了事，但其实他们完全没有意识到自己做错了什么。比如，小萌看似在糟蹋新到的日历，其实我并没有告诉过他“这本册子不能乱涂乱画”，甚至他做的也不是在糟蹋东西，而是在描摹数字。

关键是家长要记得提前告诉小朋友，有哪些需要遵守的规则。我虽然心疼新到的日历，但还可以再买一本。但如果他糟蹋不是几十块的日历，而是几万块的包包，而且这种毁坏是不可逆转的呢？所以，除了提前告知规则，例如不能去动哪些贵重 / 危险的物品外，更可靠的做法是注意把这些物品提前收好，放到孩子够不到的地方。

有时候孩子确实做错了事，但初衷是好的。比如小萌确实推搡了同学，但初衷却是希望同学遵守规则，给老师留出位置。这时，可以“有一说一”地明辨是非：一边要肯定孩子做法中正确的部分，一边也要批评和纠正做法中错误的部分。重要的是，教给孩子，下次遇到类似的情况时，更好的处理办法是什么。

当孩子看起来做了一件错事时，家长先冷静下来，给孩子一个辩白的机会，以免自己的误会和怒火，伤害了孩子，也伤害了自己和孩子之间的亲密关系。

孩子真的蛮不讲理吗？

关于“熊孩子”的讨论，一直都是社会舆论的焦点。

作为父母，我们既害怕孩子性格软弱、被人欺负，又害怕孩子变身熊孩子抢夺玩具、打架，还要顶着“家教不好”的骂名。然而，孩子打人、抢东西的不良行为，真的只是因为他们蛮不讲理吗？

先天特质不同

世界上没有两片相同的叶子，也不会有两个一模一样的宝宝。

有的孩子天生温和，习惯服从安排；有的孩子则具有非常强烈的意愿，喜欢指挥别人。这些意愿强烈的孩子如果不能指挥事情或者做决定，或者无法控制事情的走向时，就容易受挫，进而发脾气或者争抢东西。

有的孩子喜欢安静地玩耍，比如阅读、画画、拼图、堆积木等；有的孩子则精力充沛，他们需要以安全的方式，尽力释放自己的能量。当他们发泄完大部分的精力后，会更容易安静下来，而不是将精力用来争抢或哭闹。

了解孩子的先天特质，知道他们容易被什么激怒，才能更好地教会他们处理冲突和问题。

自我意识的发展

现代心理学研究发现，18 个月的宝宝就会逐渐发展出独特的自我意识，也逐渐从“弱肉强食”的小动物向“知书达理”的人类开始转变 。美国积极养育根据 0~5 岁宝宝的不同发展阶段进行了生动的命名：

0~1 岁：宝宝。刚降临人世的宝宝，还不会说话，大多数时间在睡觉，但仍然是可爱的小天使。

1~2 岁：探索者。感官迅速发育的小家伙，不断尝试看、听、摸、尝各种令他们感到好奇的物品，并且运用自己新学的走、跑、跳等技能四处探索。

2~3 岁：老板。他们对掌控感有着无比的渴求，例如挑衅家长的权威，挑战既定的规则和边界，当他们受挫和沮丧时容易大哭大闹，甚至打人摔东西。

3~4 岁：伙伴。孩子不再以为自己是世界的唯一中心，从而发展出心理理论和社交技能，这种与他人的比较可能激发竞争及攻击行为。

4~5 岁：冒险家。他们开始学会自理，同时也开始不断提问“为什么”，甚至为了探求问题背后的原因开展冒险，试图自己发现答案。

不仅知道孩子可能会经历“糟糕的 2 岁”，还知道他们在不同年龄段可能表现出的特征，能让我们更好地理解他们的想法，从而避免很多问题。

不良行为背后隐藏的需求

0~2 岁孩子绝大多数攻击性行为，只是为了满足自己的需求，例如：咬人、咬东西可能只是为了缓解牙龈出牙时的疼痛；抢东西可能只是因为饿了，希望获得食物；推人可能只是因为感觉被挤到了，希望获得足够的空间；打人可能只是发泄对于看护人无法满足自己需求的不满。这个阶段的孩子还没有实质的“攻击性行为”，只是通过攻击来满足自己的需求。

2~4 岁孩子的身体攻击通常会由多变少，言语攻击由少变多，并且男孩会更多地参与冲突事件 。

从 6 岁开始，孩子之间的攻击行为发生频率总体下降，只越来越集中于少数几个孩子身上，并发生于特定的成对关系之中，越来越具有以人定向和敌意的性质。

这些攻击性行为可能与大脑发育的生理因素、化学物质失衡等营养因素（有研究者指出糖摄入过多与攻击性行为有关）、父母使用暴力或教养中存在矛盾等教育因素、挫折和受排挤（以及媒体中的暴力内容）等社会因素有关 。

实际上，攻击性行为是疏导受压抑心理的一种途径，有其积极的一面（就算是成人，可能也会选择打拳等方式来发泄）；但是，由于攻击性行为存在故意伤害的特点，因此需要从其受压抑的心理出发，对症下药予以疏导。

现代心理学还认为，孩子的不良行为背后，通常有四种“错误目的”，包括：

寻求过度关注：通过操纵别人为自己帮忙或者得到特殊待遇。孩子认为，只有当自己得到特别关注或者特别陪伴时才有归属感，才证明自己对父母而言是重要的。这种行为通常会让家长或同伴感到心烦、恼怒、担心或内疚。

寻求权利：2~3 岁叛逆期的孩子通常会希望“我说了算”。在他们看来，只有当自己能主导、控制某件事，或者证明没有人能控制自己时，才有归属感。这种行为同样会让父母或同伴被激怒，感到自己受到了挑战、威胁，或者干脆被击败。

报复：这种情况最容易发生在缺乏归属感的孩子身上，一旦受到伤害，就会以牙还牙，因为自己反正没人关爱。

自认为能力不足：这种就是自暴自弃型了。这样的孩子在内心不相信自己有所归属，总是拒绝任何努力或挑战，希望别人不要对自己寄予任何希望。反正我怎么都做不好，努力也没用，就别管我了——只要你说我，我就打人，我就是不听，我就是不行。

厘清了这些不良行为背后的原因，我们才能更好地知道孩子为什么“蛮不讲理”，以及如何让孩子“听话”，或者说——易于沟通。

孩子该时刻都听话吗？

我带着2岁的小乖回娘家时，曾发生过几件有趣的事。

晚上洗澡睡觉之前，小乖突然跟我说想看动画片“汪汪队”，我正在码字，想想一集也就10分钟，于是答应他可以看一集。这时，姥爷嘀嘀咕咕地走过来了：“这么晚还让孩子看动画，一会儿看了一集又要看第二集，不给看就又要哭闹一场，看你要折腾到几点才让他睡觉！”撂下话，姥爷就去一边看手机了，等着看我出笑话。

一集结束，我跟小乖说：“好了，乖乖，一集结束了，咱们去睡觉吧！”一旁的姥爷这时默默地放下手机，用余光偷偷瞄着小乖，脸上带着期待的神情，等着看他的话应验，等着看小乖大闹一场。谁知小乖点头“嗯”了一声，从沙发上爬了下来，牵着我的手就直接去洗漱了。即便电视里正在播放下一集“汪汪队”。

姥爷搓了搓手，拿起手机，继续看朋友圈。他的心头一定萦绕着巨大的疑问：“这孩子咋这么听话？不科学啊！”

第二天下午，我们去超市买水果。路上，姥爷独自抱着小乖走在前面，在小区门口等着我和他会合。一碰面，小乖就在姥爷的怀里拼命挣扎着，大声对我说：“妈妈，碰头了！碰头了！”“怎么了？他摔跤了？”

我问姥爷，“摔哪了？”

“没摔啊。”

“妈妈，姥爷弄的。碰头了！就这里！”小乖指着姥爷告状。

姥爷不好意思地挤了一句话出来，“哦，嗯。”

我猜，大概是姥爷想表达对孩子的喜爱，又不知如何表达，就和小乖额头顶额头玩，力度也没太把握好，最后把小乖给弄疼了，所以一见面就拼命跟我告状，还努力从他的怀里挣脱出来，不让他抱。姥爷把小乖递给我，把手揣进了衣兜，还略带些尴尬。他的心里一定在想：“不就是逗他玩吗？咋还告状了？这孩子怎么这么不听话啊？”

孩子“听话”，其实是个伪命题。

小乖听话吗？那为什么别人伤害他的时候，他会反抗和告状？小乖不听话吗？那为什么约定好只看一集动画片，他就真的只看一集？我想，0~3 岁的孩子是否“听话”，其实是个伪命题。

如果家长说的话有道理，这时“听话”当然是好事，这意味着他不必依靠受伤获得直接经验，而是直接记住间接经验，从而避免走很多弯路，或者发生不必要的危险。如果家长说的话没有道理呢？这时候孩子“听话”算是好事吗？显然，如果孩子听从家长错误的引导，倒不一定是好事。在养娃的时候，出于轻松的考虑，我们可能更喜欢那些听话的孩子——但这样的孩子比较容易缺乏自我思考和独立的能力，他们更像是“宠物”，我们对他们的爱也更像是“宠物的爱”。相反，我们可能感到烦心的那些“捣蛋鬼”，他们看起来总是心眼儿太多，太磨人，太事儿，不好养。但这些“离经叛道”“挑战权威”的做法，恰恰是他们独立思考和有执行力的体现——这些品质，会让他们在未来受用一生。

“假沟通”是没有用的

我在此特起一节，想和大家讨论从“训练式育儿”到“爱和尊重育儿”转变时，父母可能存在的一些“假沟通”。

这类家长表面上也尊重孩子，遇到小孩哭闹要东西，会不停地与孩子沟通，而不是拒绝以后就算了。相反，为了真的和孩子达成完全的一致，于是不停与孩子讲道理，让他自己分析为什么这么需要这个东西，并且也鼓励孩子和自己的交流。

孩子初期遇到这种沟通方式，会以为自己只要提供一个理由，家长就会满足他的需求。于是他说出了一个理由，但事实却并非如他所预期般发展下去。

父母可能会告诉他，你这个理由不是真实的，你并没有那么需要它。比如孩子想买小汽车，并给出了自己的理由，那就是这个小汽车是蓝色的，和家里所有小汽车的颜色都不一样。但父母会跟孩子说，难道我们要把所有颜色不同汽车都买回家吗？这个理由是父母所不能接受的。于是，孩子接下来的努力就变成了如何把这个理由变得真实，比如他没有这个玩具就真的吃不下饭、睡不了觉，并且表现在行动上。未来，他想要任何东西时，回想起这段经历，都可能编造出一个自己极度需要的理由来，先说服自己，再找到父母的软肋——例如孩子自己吃不下饭、睡不了觉——从而达到自己的目的。

有的父母可能会流程化地询问孩子的理由，但实际并不理会孩子的想法，内心仍然不想给孩子买。那么，这些父母可能长篇大论滔滔不绝，把道理剖析得清清楚楚，你这个理由不成立，我不接受。但是，孩子之所以愿意和父母沟通，是因为他最关心的是这个玩具能不能到手，却发现讲了很多道理、也耐着性子听父母说了很多道理，最后的结果仍然是不能买。这时，孩子会认为——沟通是无效的。这样的事情反复发生几次，孩子就再也不愿意听父母的说教，甚至拒绝陈述自己的理由了。

沟通其实是关于“妥协”的艺术，甚至是关于双方“互相妥协”的艺术。如果家长将沟通摆上台面，但却没有解决孩子的实际问题，这样的沟通就是无效的“假沟通”。这样的“假沟通”，倒不如决定了不买，就告诉孩子为什么现在不买，并且提出替代方案，例如过生日的时候可以买，或者孩子通过自己良好的行为表现获得小红花，攒够 10 朵就可以买，等等。

还记得我们之前所说的话吗？如果沟通流于形式，孩子会从真正的经历中产生诠释并作出决定的。沟通在前，行动在后——只有给予孩子真实的经历，才能让他们愿意相信父母的话，并且持续沟通。

第三节
孩子受挫和沮丧时怎么办

我们在之前曾讲到过，当孩子受挫和沮丧时，容易发脾气，从而变得难以沟通。那么，父母该如何做，才能缓解孩子的受挫感和失败感，从而更好地前进呢？

受挫以后不发脾气，而是重新站起来，这就是我们希望孩子拥有的“心理弹性”。2014 年，美国心理学会（APA）将心理弹性定义为：在面对逆境、创伤、悲剧、威胁甚至是重大压力时的适应过程。人生总会遇到挫折，拥有心理弹性的孩子更容易从沮丧中走出来。为此，父母可以做以下几件事。

1. 建立联结（connection）

现代心理学认为在人与人之间建立联结非常重要，不仅要建立亲密关系，也要建立正常的人际关系。在家庭内部，父母还需要和孩子构建起亲密关系，这种能为孩子提供强大支持的家庭，会让孩子更有安全感并愿意求助父母或家庭；在社交方面，父母可以教孩子结交朋友，同时教给孩子共情技巧，例如感到别人的情绪并作出适宜的反馈。父母和孩子之间的联结，能为孩子提供社会支持并增强他们抗风险、抗挫折的能力。

2. 帮助他人

当一个人感到“自己有能力、有价值”，对他人有帮助时，就会产生自我价值感，从而拥有一往无前的“勇气”。丧失信心的孩子，可以通过帮助他人来增强自我价值感。因此，如果孩子能独立完成的事，父母需要尽可能少地代劳。比如，也许我们觉得孩子自己穿袜子太浪费时间，但他正是从这种看似拖沓和麻烦的“穿袜子”中学习了新的技能，并建立了自信；又比如，孩子摔倒了，鼓励他自己站起来，而不是呼叫着扑上去立刻将他抱在怀中——这种呼喊可能会令孩子感到摔倒这件事很可怕，同样会让孩子感到没有能力自己站起来。

3. 规律化的生活和休息

坚持日常活动可以使孩子们感到舒适，尤其是那些渴望生活中的程序能结构化的小孩子，规律的生活对他们保持安全感，从挫折中恢复到正常的状态就非常重要。但坚持规律生活并不是唯一的选择，有的孩子在遇到挫折后未必能继续正常的生活节奏，而是需要“暂停”一下，等心情平复以后再回来。同时，我们需要让孩子的生活有足够的运动和玩乐时间——张弛有度的生活能避免孩子因为紧张的节奏和焦虑而使心理弹性变得薄弱。

4. 专注下一步的计划

和孩子共同设定合理的目标，然后朝着目标一次次迈进。不管遇到了怎样的问题，关键要教会孩子朝着目标迈进，即使只是很小的一步——而不是陷在自己的情绪里。曾经有一个老师来到教室里，拿出一张纸询问孩子们看到了什么，孩子们回答道："一个黑点！"这位老师沉默了一会儿，问道："明明有这么大一张白纸，为什么你们只看到小小的一个黑点呢？"作为父母，我们可以通过关注孩子已有的努力，让孩子聚焦到他或她已经完成的事情上，而不是尚未完成或失败的事情上，鼓励孩子继续前进面对挑战。

5. 培养积极的自我认知

给予半杯水，心态积极的人会说"还有半杯水"，而心态消极的人会说"只剩半杯水了"。因此，培养孩子积极的自我认知很重要。父母可以教孩子记住过去的成功经验——他曾如何成功地处理了困难——并帮助他了解过去的挑战，是如何能让人有面对未来挑战的力量。一个内心有胜任力的孩子，能更好地信任自己会解决问题并做出适当的决定。当然，我们还可以培养孩子的幽默感，以及自嘲的能力——这些方式都可以帮助孩子更好地承受挫折，重塑积极心态。

6. 看向未来的希望

即使孩子面临非常痛苦的事件，作为父母，我们也要帮助他保持长远的眼光。这种乐观积极的态度，能帮助孩子看到生活中的美好事物，即使在最艰难的时刻也能继续前进。当我们能帮助孩子分解难题时，就有助于孩子从沮丧中再度站起来。

7. 接受变化

对于儿童和青少年而言，“变化”往往令人害怕。作为父母，我们需要帮助孩子看到：不变的只有变化，这种变化也是生活的一部分；同时，如果旧的目标确已无法实现，我们可以设立新的替代目标。

第三章

为什么有的孩子更听话

妈妈所能给予宝宝的安全感就像是内心的一罐金子，不仅能在宝宝成年后相伴左右，永远不会丢失，还能在他失落和沮丧时给予他再次站起的力量。

第一节

建立影响孩子一生的亲子联结

父母的爱是安全基地

还记得我刚生下小萌住院时，隔壁床的月嫂对产妇说得最多的话就是：“没事，不要急着抱，这不刚吃饱了吗？孩子哭一会儿自然就不哭了，你越抱越是容易把他惯坏，以后有你累的！”

相关研究并不支持这样的观点。哭泣和求安慰，是每个宝宝与生俱来的本能。对 1 岁以内的宝宝，我们真正应该做的，是“无条件回应”。先告诉、安慰宝宝“我在”，然后再看情况解决他真正的需求。这也是和“无条件满足”最大的区别。

孩子哭了不要抱，家长怕的到底是什么？“孩子哭了不能抱”，其实是极端化的哭声免疫法。这个方法源于前文我们提到的行为主义心理学创始人约翰•华生和他恶名昭著的小阿尔伯特实验。

这一实验让约翰•华生坚信：儿童是可以被训练的，并由此提出了“婴儿哭了不能抱”的哭声免疫法。认为这样父母养育才会更轻松，宝宝长大也会更听话。对每个父母来说，还有什么比宝宝哭闹更让人烦躁不安？因此，在当时行为主义盛行的社会背景下，华生的哭声免疫法由于效果显著，又恰好契合了家长的偷懒心理，受到了热烈的追捧。这套方法也漂洋过海流传到了中国，经过各种“育儿专家”的大肆传播和包装后，“孩子哭了不能抱，否则会宠坏他”的观念深入人心。

时至今日，依然有不少中国家长信奉——抱，会让宝宝的依赖性更强；不抱，则可以让宝宝更独立。然而，哭泣是宝宝内在需求的表现，如果担心被宠坏而放任不管，无异是在透支他对世界的信任。等不到爸爸妈妈的回应，换来的始终只有漠视。长此以往，宝宝又如何能找到应得的价值感和归属感?

孩子真的会被宠坏吗？答案当然是否定的。一度被追捧的哭声免疫法后来也受到了诸多质疑。并在40多年后，被哈利•哈洛的恒河猴实验推翻。哈洛将刚出生的小猴放在笼子里，发现这些小猴即使得到了充足的营养，但在裸露的铁丝网笼地板上却无法生存过5天。

于是，哈洛设计了两个“代母”。一位像真正猴子妈妈的绒布妈妈，它温暖、柔软而耐心，但却不提供食物；另一位是金属丝网妈妈，它裸露出金属丝，同时为小猴子们提供食物。

在连续165天的测试中，哈洛发现，小猴子们虽然会去金属丝网妈妈那里获得食物，但更愿意和绒布妈妈待在一起。大部分的时间，小猴子们都依偎在绒布妈妈身上。当它们受到惊吓时，也会立马冲过去紧紧地抱着绒布妈妈，慢慢安静下来。因为，金属丝网妈妈虽然能够从食物上“喂养”孩子，却缺乏绒布妈妈对孩子的接触、拥抱、抚摸。换言之，如果只供给宝宝食物，那仅仅只是宝宝的“食物提供者”，而不是他信任喜爱的“妈妈”。在这一场食物供养和接触拥抱的选择博弈中，我们同样可以窥见母爱的本质——对宝宝来说，比起食物，更重要的其实是妈妈温暖的抚摸和安慰。

根据这个实验，哈洛也提出，妈妈的角色之一，就在于能为感到恐惧和危险的婴儿提供安全的避风港。因此，对于 1 岁以内的宝宝，无条件回应不会宠坏他。

没有及时回应，反而会对孩子造成不利的影响。1 岁内的宝宝还不会很好地用语言表达自己，哭泣和比划的行为，其实就是对自己内心需求的一种诉说。就像实验中的恒河猴，当受到惊吓时，也会扑到绒布妈妈的身上寻求庇佑和安慰。如果宝宝害怕哭泣时，在最亲密的妈妈这里都无法得到安慰和回应，他的世界该是怎样的绝望？不断有新的科学研究证明，如果宝宝连最正常的需求都不能得到满足，他的成长将受到难以估量的影响，包括：

长大后更容易依赖别人。很多人会以为，宝宝哭了不抱可以让他们变得更加独立。恰恰相反，不及时给予安慰可能会导致宝宝哭的声音更大。父母在早期给予及时回应，不仅能给他们足够的安全感，还能防止他们情绪崩溃。

生长激素分泌不足。埃文•阿尔迪尔（Evan L Andiel）等研究人员发现，缺乏接触会导致宝宝停止或减少合成生长激素。因为对这些宝宝来说，在缺少大人关心帮助的情况下，只有先努力活下来，然后才有资格在身高、体重、认知等方面都取得长足的进步。

长时间哭泣可能会损害宝宝的认知水平发展。研究发现，出生后前 3 个月哭闹时间较长的婴儿，他们智商测试的结果比对照组低了 9 个百分点，并且精细运动能力明显较差。对于宝宝来说，妈妈及时回应所带给他的安全感，是一件无与伦比的礼物。有的人可能会说：“那宝宝晚上睡觉哭闹，难道要抱一晚上吗？”并不是。睡眠引导和及时回应宝宝并不冲突。

睡眠引导不是指放任不管，而是先冷静地分析，然后进行下一步的动作。最关键的，是弄清楚宝宝哭闹背后“无法诉说的”真实需求。

相信宝宝对妈妈依恋的本能。抱他，并不会宠坏他，而是在帮助宝宝，成为一个更好更健全的人。

亲肤育儿

作为人体最大的器官，皮肤不仅是宝宝身体的第一道屏障，也能让宝宝获得触觉等感官发育。

1940 年，研究者们发现，如果妈妈能在早产儿出生后多多抚摸他们，就能更好地呼吸和成长，因此他们鼓励新手妈妈们多抱、多摸婴儿，并成立了多个抚触科研中心（TRT）。

2004 年，北京儿童医院儿童保健中心、北京大学医学部第一医院保健科和中华儿科学会的合作研究发现，坚持进行抚触的宝宝，在 6 个月时，智力和运动发育指数、睡眠状况及体重增长明显好于对照组；在 18 个月时，智力及睡眠好于对照组。由此可见，抚触能够促进宝宝体重增长，改善他们的睡眠状况，还能促进宝宝的智能发育 。

近年来，育儿届开始刮起一阵袋鼠式护理（kangaroo care）的风潮，其实就是通过父母和宝宝皮肤贴皮肤，对宝宝进行的一种特殊护理。父母可以利用背巾把宝宝抱在胸前，和爸妈皮肤相贴；也可以靠坐或躺在椅子或床上，让宝宝赤裸地依偎在爸妈的胸前，然后用暖和的毛巾盖住宝宝。

妈妈和宝宝之间高质量、长时间的皮肤接触，能促进宝宝的大脑分泌出更多的后叶催产素，这种化学物质不仅能加深接触双方的依赖和信任，还有一连串的好处，包括稳定宝宝的心率、调整妈妈和宝宝的呼吸、增加宝宝的血液供氧、促进宝宝的体重增长、增加宝宝深度睡眠时间等。

妈妈所能给予宝宝的安全感就像是内心的一罐金子，不仅能在宝宝成年后相伴左右，永远不会丢失，还能在他失落和沮丧时给予他再次站起的力量。

要建立这样的安全感，宝宝 3 岁之前的亲子互动和亲密关系的建立是非常重要的。妈妈多以触摸、运动和玩耍等形式与宝宝亲密互动，这也是目前风靡日本的“亲肤育儿”的理念。

在亲肤育儿的互动中，宝宝也能更好地认识自己的身体。脸部的眉毛、眼睛、鼻子、嘴巴，然后是身体的小手、小脚——不仅是认识，还能通过有趣的互动，戳一戳、抱一抱、亲一亲，潜移默化地教宝宝珍视和爱惜自己的身体。

妈妈伸出两根手指，模拟一个小人走上宝宝的身体，从脚踝开始，沿着宝宝的小腿往上走——看似简单的游戏，不仅能促进宝宝的触觉发育，还能让宝宝对妈妈的行为有所预期，让认识身体的过程充满了亲子之间的乐趣。

通过亲肤育儿，建立宝宝和爸爸妈妈之间最初的亲密关系，能让宝宝更有安全感、更加自信、更容易沟通，也能在面对未来的风浪时，拥有战胜困难的勇气。

亲肤育儿的关键，是同时满足“触摸、运动、玩耍”三大要素。在游戏过程中，妈妈记住“微笑、凝视宝宝的眼睛、对宝宝的反应及时回应”就好。

对于 0~3 岁的孩子来说，在亲子陪玩中强调“亲肤育儿”，能更好地建立良好的依恋关系，并且让孩子对父母产生安全感和信任感。

第二节
建立孩子的价值感和归属感

我们在第一章中就提到过，为孩子建立起价值感和归属感的重要性，那么具体应该如何做呢？在这一小节，我们将就这一主题展开探讨。

自我价值感是孩子人生中最重要的方面之一。哈佛医学院教授罗伯特·布鲁克斯（Robert Brooks）将自我价值感定义为“个人对自己的能力和价值，做出改变的能力，面对挑战，而不是从中退缩，从成功和失败中学习，并尊重自己和他人。”研究人员认为，孩子对自己价值的内在理解会决定孩子以后成为什么样的角色，而父母在孩子的价值感培养中有着重要的作用。

为培养孩子的价值感和归属感，父母可以做的事包括：

充分关注孩子的状况。当我们留心聆听和观察孩子的状态时，孩子会认为自己对我们来说很重要。如果我们对孩子的活动表现出兴趣，比如当我们早起离开家门，和晚上下班回家后，能够多和他们聊一会儿今天发生了什么，只会让他们觉得自己被重视了。与此同时，我们可以鼓励孩子参与各种活动，例如家中的家务劳动，或者孩子自己感兴趣的主题项目等。

尊重孩子。由于年幼孩子总是会模仿父母的行为，因此我们尊重他们，他们才会尊重自己。比如当我们希望他停下手里的游戏转而洗手吃饭时，不是一把抢过他手里的玩具，或者厉声命令他停下来，而是跟他商量好接下来要做什么，让他自己停下来。当孩子们帮我们做了某件事，例如找到爸爸所遗忘的眼镜时，可能即使很忙，也需要停下来对他们表示感谢。也许和孩子亲近很容易，但要注意不在别人面前批评和攻击孩子，对有的家长来说也许就比较困难了。但当着别人的面批评孩子，实际上会降低孩子的自尊。

亲密拥抱。年幼的孩子习惯在非语言层面上的沟通，例如用身体和语言同时表达我们对他们的爱，大多数幼儿都喜欢被拥抱亲吻。两岁以后的孩子也许喜欢我们去拍他们的背部以示肯定和鼓励。哪怕仅仅是将他们抱在怀中，听他们说说话，陪他们聊聊天，也是一种很好的陪伴。关于这一点我还想强调的是，每天都要留出单独的时间和孩子相处；尤其在二胎家庭中，要确保父母跟孩子有一对一的单独相处时间，这会让他们觉得自己依旧会得到父母全部的爱。

表示感谢。即使他们没有做任何与众不同的事情，你要让他们知道父母的感谢——实际上只要他们不捣乱，而是安安静静地玩自己的玩具的时候，就已经帮了大忙了。感谢孩子会让他了解，我们注意到了他们，并且注意到了他们良好的行为。有的父母也许不擅长说出来，但是这一点很重要。因为他们所要做的只是做自己，尤其是做更好的自己，而不是为了满足我们的期望才故意有所表现。

积极教养。当孩子出现不良行为的时候，我们需要冷静下来，而不是立刻就大发雷霆，思考一些积极的方式来引导和纠正孩子的行为，他们会对友善和温柔的教导有更积极的反应。研究表明，当父母与他们讨论不良行为并提出问题的解决方案时，会使孩子表现出更大的自信和自控能力——这是怒吼和惩罚难以带来的。当父母学会控制自己的语言和行为时，孩子的自我认知也会产生不可思议的变化。

教会孩子责任。受到过度保护和照顾的孩子，缺乏机会来为自己的行为和选择承担责任，由此变得不负责任。有时候，父母认为自己在对孩子付出，实际上，他们剥夺了孩子自己学习和发展的机会。当我们教给孩子做事的方法并让他们自主探索和学习时；当我们为他们设置合理的任务并允许他们执行时，当我们支持他们的选择并加以引导时，当我们通过心和榜样来促使孩子改变和提升时，当我们相信孩子能独立并值得信赖时，都会让孩子学会责任感。

做家务确实能培养孩子的价值感。

首先，做家务让孩子觉得自己“长大了”。孩子都喜欢模仿成人的行为。他们急于变成大人，急于做和大人一样的事，这在日常生活中非常常见。从涂妈妈口红的女孩，到穿爸爸大皮鞋的男孩，无一不展现出孩子希望成为大人的心情。妈妈通常是在厨房做家务的，而厨房往往是危险之地，我们通常不允许 6 岁以下的孩子独自进厨房。但越是禁止，孩子就越是好奇，尤其到 2~3 岁人生第一个叛逆期时，会时不时探头在厨房门口看看，还会有意往里面走几步。这时候，我们允许孩子参与一部分家务，将厨房的事务带到客厅里来，会让他感到自己被大人认可了，可以参与之前还是小宝宝的时候不能做的事里来了，就会产生胜任感。

其次，做家务让孩子觉得自己“是家庭的成员”。家庭也是一个组织，在组织里面就会有各成员的分工。如果家里所有人都在做家务，唯独让孩子无所事事，孩子就会觉得自己不是家庭成员，不需要在家里为自己的行为负责——反正弄乱了玩具有人收拾，饿了饭菜自然会上桌——更不会珍惜家人的劳动成果。相反，如果让孩子也适当参与到家务事中，他们就会发现“原来我对这个家是有用的”，还能绘声绘色地告诉别人：桌子是我负责擦的，凳子是我负责搬的……这个技巧也可以运用在临时组织的团建活动中，团建开始了，有人负责搬凳子，有人负责签到，有人负责洗水果，很快大家就通过行动变成了有共同目标的集体，也有利于之后的破冰。

第三，做家务能锻炼孩子各项技能。孩子的精细动作正在发育，做家务可以锻炼孩子各项技能。喜欢做菜的孩子，认字启蒙可以从看菜单、看菜谱开始；喜欢捏面团的孩子，让他参与面包制作能一举两得；喜欢玩水的孩子，不妨邀请他参与洗菜等。

在这里，我也想给大家提供一份关于孩子精细动作发育和能参与家务的参考资料：

6~12 个月：能独立用手抓取东西，送入口中。8 个月以上的孩子，可以让他帮忙把食物放进对应的碗碟里，最后留下 1~2 根作为奖励。

1~2 岁：能完成撕、拉、拽、揉等动作，还能倒水。可以参与淘洗米和蔬果，帮忙把青笋叶子拽下来，把大白菜、包菜的叶子撕块的家务等。

2~3 岁：能揉东西，能串 4 个以上的串珠，能将细小的东西进行分类，能拼插大颗粒积木。可以参与揉面团、做面包和甜点等，能自己剥开软橘子，给柚子去掉白瓤等。

3~6 岁：精细动作能力进一步增强，手指的力量和持物稳定性加强。可以学会挑拣叶菜、拎部分菜回家、在大人监护下使用简单的全塑料刀等。

作为一个曾在家带两娃的全职妈妈，我从孩子们 1 岁左右就鼓励他们参与日常家务：既是真实的陪伴，又能促进孩子精细动作和多感官发育，还能帮助他们从小养成良好的生活习惯。

有的家长总是习惯跟在孩子后面收拾东西，好容易收拾完了，一抬头发现到了做饭时间，又立刻冲去厨房，像打仗一样地忙碌，接下来还要跟在孩子的后面追着喂饭，实在是不得休息，疲惫至极。

相形之下，如果能让孩子参与到大人一整天的安排之中，就会轻松很多。玩了玩具后，必须收拾好才能玩下个玩具，养成这样的生活习惯，就不至于我们这边刚收好，发现孩子又在别的地方扯了一地。

做菜的时候邀请孩子参与进来，虽然有些笨拙，可能还会弄湿衣服，但是我们却能一边做菜一边看着孩子，有时候让小朋友把菜递过来，甚至还能帮不少忙呢！孩子故意把牛奶洒得满地都是，不仅给家长添麻烦，而且还会令人很恼怒。要求孩子参与到后续的收拾工作中，让他了解擦地板、清洗抹布是一件多么麻烦的事情，而且这个时间也不能用于吃水果、出去玩儿啦，他就会逐渐理解，自己乱洒牛奶的行为到底带来了哪些麻烦，下次也会掂量一下结果再行事。

让孩子参与做家务，好处多多，但也要注意以下几点：

首先，注意安全。不要让宝宝用刀或接触烫的东西，选择塑料的餐具，尽量让宝宝远离潜在的危险，以确保做家务时宝宝的安全。

其次，鼓励但不勉强。对宝宝来说，无论是做家务还是玩玩具，都是有趣的游戏。因此只有让他们体会到做家务的乐趣，才能鼓励他们坚持下去。如果宝宝开始反感或者感觉劳累了，就需要立即停止。毕竟做家务主要还是大人的工作，而非孩子的负担。

第三，不轻易打扰。交代好宝宝一件家务后，如果他做得专心致志，即使撕叶子、掰菜的手法不太对，也不要去轻易打扰，否则容易影响宝宝的注意力。

第四，及时的肯定和鼓励。感谢宝宝为这一餐作出了贡献，是非常重要的，这能让宝宝意识到自己努力的价值。

让宝宝能够参与到真实的生活中，和家长一起动起来，一起付出努力，不仅能更好地增进亲子关系，促进孩子各项能力的发展，还能让我们的生活变得更轻松。

我们让孩子做家务，不是让孩子当“童工”分担父母的任务，也不是为了让孩子在百忙的学习之中抽出时间来“浪费”，更不是为了培养他所谓吃苦耐劳的精神——而是让孩子更好地建立价值感和归属感，同时通过成功地完成任务，让孩子培养内在的胜任感和自信。

第三节

形成良好的生活习惯

儿童心理及早期教育研究相对系统和前沿的欧美国家，在家庭教育方面都非常重视生活常规的建立。

美国儿科学会（American Academy of Pediatrics, AAP）认为，生活常规的建立能让孩子的生活变得“结构化”，避免“混乱化”；并且，当生活常规有章可循、保持一致并按部就班推进时，孩子们往往能表现得很好。低幼的孩子往往害怕未知的事物。这种对未知的恐惧和焦虑，小到刚引入辅食时，一种新的食物，例如西兰花，可能要在孩子面前出现 20 次左右，才会被他所接受；大到生活中的剧烈变动，例如搬家、父母离异等，都会让孩子感到惊慌失措。

澳大利亚墨尔本儿童心理所（Melbourne Child Psychology）指出，在建立了生活常规的有序生活中，孩子能清楚知道现在要做什么、接下来会发生什么，这种对生活的可预测性和掌控感，会让孩子更好地建立安全感。

婴儿会飞速经历离开妈妈的怀抱，将奶嘴换成吸管杯，从翻身到直立行走，学会自己独立入睡等变化。对他们而言，大多数变化都是不可控甚至失控的——因此，固定、可预期和一致的生活常规，对孩子来说就像是“稳定的生活基础”。正如成人一样，当孩子已经熟悉并掌控了原有的日常生活，才会更好地处理新的变化。此外，生活常规还为孩子提供了明确的规则和边界，比如只有写完家庭作业后才是游戏时间，或者吃完营养均衡的饭菜后才能开始吃甜点等。

因此，生活常规是培养孩子良好习惯的基础。

如何让孩子乖乖整理东西

无论孩童还是成人，都对秩序感有着自己的感受和追求。一些有序排列的图片，会让自称“强迫症”的人感到极度舒适，正是因为遵照秩序所构成的环境给人带来了安宁、愉悦、舒服的情感体验。

现在对“秩序感”的讨论大多源自英国著名的艺术理论家恩斯特•贡布里希（Ernst Gombrich）在卡尔•波普尔（Karl Popper）哲学理论的基础上所提出的秩序感（the sense of order）。贡布里希认为，“有机体……似乎还必须对照他最初对规律和运动所做的预测，来确定他所接收到的信息的含义，我把这种内在的预测功能称作秩序感。”而需要层次理论的提出者马斯洛认为，该理论同样适用于儿童，因为对孩子来说，建立了常规的生活节奏能让他们更好地建立基本的安全感，并指出“孩子……仿佛希望有一个可以预测的有秩序的世界。”

这些看似枯燥的理论，离我们的生活并不遥远。实际上，身为父母，我们总能看到孩子身体所展现出的秩序感。比如新生儿自出生以后，从每天 8~10 次的小憩到逐渐进行有昼夜节律的作息，从每天十几次的吃奶到逐渐规律的饮食，从对面孔的不同反应到一看到熟悉的人脸就露出微笑，无一不是逐渐有序化的。

蒙特梭利（Maria Montessori）曾在《童年的秘密》一书中详细记录过

自己的观察。1 岁的女孩看见妈妈顺手将阳伞放在桌子上，这一举动令孩子开始不安，注视了这把阳伞很长时间后开始哭泣起来，无论妈妈如何安抚她也毫无作用，甚至愈加焦躁。这时，这位妈妈突然从桌上拿起那把阳伞放到别处去，小女孩立刻安静下来了——原来，阳伞的位置错放，严重地干扰了他关于物体应该如何安放的记忆模式。蒙特梭利认为，这一阶段的孩子内心有着对秩序感的强烈需要，他们甚至会注意到细枝末节的不协调——这正是儿童的“秩序敏感期”。

敏感期最早由动物学家提出，蒙特梭利认为儿童发展过程中也存在着与动物相同的特殊环境刺激的敏感期，因此将敏感期的概念引入到儿童的发展领域并运用于儿童的教育中。处于敏感期的孩子，会对环境中某事物的感知极其敏锐，产生无法抗拒的冲动，同时其相应器官的机能也会急速发展。因此，在不同敏感期专注培养孩子该方面的行为习惯和能力，能起到事半功倍的效果。

通常认为，1~3 岁的孩子会表现出对秩序感的强烈关注，这一时期正好能培养孩子的整理和收拾的习惯。为此，我们可以做以下几件事。

1. 设置收纳区

在家中设计一个合理的收纳区，能够极好地满足与帮助孩子的秩序感发展。

通过在墙上直接内嵌式的收纳柜，再结合各式藤艺篮子，便可以实现十分精美的收纳风格，同时又可以满足分类的需求。使用藤艺篮的收纳柜，在孩子要整理物件时可以整个篮子抽出来，相对抽屉而言更方便于孩子使用。而对于孩子来说，当其年岁成长到一定程度时，通过在篮子上面进行标签分类，也能够在家里实现分类的收纳方式，变成对孩子的一个整理归纳的训练工作。

当然，如果空间足够的话，我们甚至可以模仿蒙特梭利教室，在儿童房里摆上一两个教具柜，用来当收纳柜用，不过要注意柜子的质量，是否容易摇晃，以及尽量不要选那种接地处有轮子可滑动的柜子，这仍旧是为了安全在做考量。

需要提醒的是，如果选择了多层柜子用作收纳架，务必要将柜子整个固定在墙上，以免孩子翻动攀爬时导致柜子掉落，引发不必要的安全事故。

2. 提供专属空间

专属空间对宝宝来说，是一个有安全感的地方。在那里，无论是把所有东西都挨个点一遍，还是坐在里面任思绪驰骋，都能让他感到放松和惬意。当孩子意识到有一个地方完全属于自己的时候，会变得愿意在自己的地盘上多花时间，更愿意投入到自己的世界里，提升了专注力的同时也慢慢学会了与自己独处。

每个孩子都应该有一个属于自己的专属空间。对家长来说，给孩子打造一个专属空间其实并不难。如果条件允许，可以在房间里专门圈出一块位置，打造成孩子的专属空间。利用地毯、颜色不一样的泡沫地垫或者安全的围栏为孩子划分出一个属于他自己的区域，再搭配适合孩子身高的小桌子、 小椅子、小沙发、小坐垫，会让他们感到亲切，也更有归属感。只属于孩子的懒人沙发、小桌子、榻榻米、收纳盒等，本身就是一种微型的专属空间，也能给予孩子个人的隐私空间。选择轻巧、无棱角、安全的纸箱，放置在孩子的专属空间内，可以让孩子有更多选择性，也能丰富孩子在空间意识上的层次感，激发孩子的创造力。

一旦将权利赋予孩子——这是你的专属空间，孩子也会逐渐养成责任感——需要整理和收拾好自己的地盘。

3. 父母的示范

想让孩子好好收拾房间，父母的躬亲示范也很重要。

我家小萌 1 岁时，不肯去收拾东西，这时我要做的，不仅是“命令”他去收拾东西，更是示范如何收拾东西。面对一屋子的玩具，幼小的孩子可能觉得无从下手，因此我们可以尝试给孩子明确的任务，让他来收拾东西。例如我会提出“谁来负责收拾小的玩具”或者“谁先来收拾黄色的玩具”等非常具体的提议，这有助于帮孩子从混沌中找出明确的目标，也就愿意收拾东西了。

当然，每当孩子找不到自己的玩具去哪里了，我们也可以用这样的自然后果来提醒他，下次需要把玩具收拾好，否则就有可能像现在一样找不到，或者花很多时间在寻找玩具，而不是玩玩具上。当孩子理解了其中的因果关系，就会注意要把玩具分门别类放好。

孩子很喜欢模仿父母的行动，因此我们可以采用收拾比赛的形式来督促孩子收拾东西。一起比比，看谁先把红色玩具收拾好，或者，谁先整理完自己所划分的区域，这些方式都有助于让孩子将收拾玩具变成一种新的游戏，并且兴致勃勃地参与其中，不知不觉中养成了收拾玩具的好习惯。

如何让孩子乖乖吃饭

培养自主进食的孩子，从“手指食物”（finger food）开始。从幼儿 8 个月左右开始，就可以鼓励他们用手直接抓取大小合适的食物放入嘴里，而不是用勺子、碗等餐具增加吃饭难度。典型的手指食物包括切成小指粗细和长短的蒸软的胡萝卜条，以及生切的苹果条、牛油果片、煮熟晾好的土豆泥、豌豆泥等。每给吃饭过程增加一条规则，就让孩子自主吃饭的难度高一些；反之亦然。

让孩子知道食物是怎么来的，也会让孩子对食物产生兴趣并加倍珍惜。小萌在美国上幼儿园的时候，老师会带孩子们在幼儿园种植一些植物，也让他们用放大镜探索和观察。这既是自然教育，也能让孩子了解食物来之不易，学会珍惜。

与此同时，还要注意纠正不良喂养习惯。

首先，不要纵容孩子玩食物。有的家长为了培养孩子对食物的兴趣，会纵容孩子玩食物，尤其是在孩子吃完饭以后，家长终于能自己开吃了，就不管孩子糟蹋食物的行为了。其实，家长培养的只是孩子玩食物的兴趣，而非吃食物的兴趣。欧美家庭通常会给孩子一些简单的食物（而不是一大碗），等孩子吃完以后再添加，避免给孩子糟蹋太多食物的机会。

其次，不要轻易打扰孩子进食。有的父母和老人很爱干净，常常在孩子掉饭粒、蹭脏嘴巴、弄洒东西时，擦一擦、蹭一蹭、抱怨孩子几句，但这样的行为通常会打扰孩子专注的进食过程。有时候，父母因为不希望收拾孩子吃饭后留下的一地狼藉，甚至会主动代劳，这种行为显然会剥夺孩子自己吃饭的权利，让孩子认为“我不能自己吃饭”，从而削弱孩子自己吃饭的自信和胜任感。

第三，吃饭时避免看电视、看视频和过多的热闹对话。这些做法可能会转移孩子的注意力，让他们不认真咀嚼，甚至有噎住的风险。

研究发现，孩子从首次接触到接受某个食材，通常需要大约20次尝试。即使他们不喜欢吃某种食材，我们也可以继续摆到桌子上，作为其中一个选项，也许某一天他突然就吃了。

作为成年人，我们可能也很挑食，只不过在购买食材的时候，我们已经选择了自己爱吃的食物，这会让我们的挑食习惯被默默地隐藏起来，但对于孩子来说就没有那么幸运了，有时候即使他不喜欢某种食材，也可能被父母或老人强迫吃下。实际上这种追着孩子喂饭，强迫孩子一定要吃一口的行为，只会让孩子越来越不爱吃饭，并且陷入关于吃饭的权力斗争之中。

如果孩子对某类食物有执念，家长不用太过紧张。在这里，我想把“食物组”的概念介绍给大家，帮助孩子均衡地摄入营养。

第一组：谷物

全谷物：糙米、荞麦、碎小麦、燕麦、全麦大麦、全麦玉米粉、全麦黑麦、全麦面包、全麦饼干、全麦意大利面、全麦麦片、全麦玉米饼、野米等。

其他谷物：主要为精制谷物制成，有些可能则由全谷物制成，包括玉米面包、玉米饼、粗麦粉、饼干、面粉玉米饼、意大利面、皮塔饼、椒盐卷饼、即食谷物等。

第二组：蔬菜

深绿色蔬菜：白菜，西兰花，羽衣甘蓝，菠菜等；

红橙蔬菜：小青南瓜，胡桃南瓜，南瓜，胡萝卜，红辣椒，红薯，西红柿等；

淀粉类蔬菜：玉米，青豆，土豆，莲藕等；

其他蔬菜：洋蓟、芦笋、豆芽、甜菜、球芽甘蓝、卷心菜、花椰菜、芹菜、黄瓜、茄子、青椒和红椒、蘑菇、秋葵、洋葱、豌豆、芸豆、西葫芦等。

第三组：水果

苹果、杏子、香蕉、浆果（草莓、蓝莓、覆盆子）、无花果、葡萄柚、葡萄、猕猴桃、芒果、瓜类（哈密瓜、蜜露、西瓜）、油桃、橙子、木瓜、桃子、梨、李子、菠萝、杨梅、杨桃、橘子等。

第四组：肉类及蛋白质

畜肉类：牛肉、猪肉、羊肉的瘦肉块和火腿，以及低脂熟食肉类等；

家禽类：去皮鸡肉和火鸡，鸭子等；

鱼类和贝类：三文鱼、鳟鱼和鲱鱼（富含 omega-3 脂肪酸）；蛤蜊、螃蟹、龙虾、贻贝、章鱼、牡蛎、扇贝、鱿鱼、金枪鱼罐头等；

大豆及其制品类：黑豆、豆腐及其他豆制品等；

坚果和种子：花生，葵花籽、杏仁和榛子等富含维生素 E 的食物等，注意要适当加工，以免孩子发生意外；

蛋类：鸡蛋，鸭蛋等；

奶制品：牛奶、低脂牛奶、酸奶、奶酪（如切达干酪、马苏里拉干酪、瑞士干酪、帕玛森干酪、白软干酪）、布丁、冷冻酸奶和冰牛奶。钙强化豆浆（大豆饮料）也是乳制品的一部分。

在此基础上，我们就可以来规划孩子均衡的膳食结构了：如果孩子拒绝吃某种食物，可以试试同一组食物中的另一种；如果孩子拒绝吃绿色蔬菜，可以先试试红橙蔬菜；如果孩子拒绝吃某种肉，可以用其他肉类或蛋白质来替代；如果孩子不爱喝牛奶，可以用其他奶制品，比如奶酪、酸奶等来替代。

第四节
容易沟通的孩子

在倡导平等和尊重的家庭中，我们所追求的并不是孩子的绝对服从，而是希望孩子能更好地和我们双向沟通：一方面是孩子更容易听进去我们所说的话；另一方面是孩子能更好地表达自己。一个能清晰表达自己想法的孩子，不仅对自己更有自信，也能更好地与人沟通。

及时回应能预防哭闹

婴儿从 4~6 个月能够发出类似“ba”“ma”的声音，在这一阶段，他们的语言更多的是为了吸引我们的注意力。如果你有注意观察过新生的孩子，你会发现大多数婴儿并不是一开始就厉声哭闹的。一开始他们先是低声的用嗯嗯的声音来呼唤，如果这样的声音没有得到及时的回应，那么就有可能转变为哇哇的呼喊，倘若这一阶段父母仍然没有满足他们的需求，就有可能转变为大声的哭闹。

这里提到的“满足需求”，是指父母能够走到距离他们 15~20 厘米的地方，也就是他们目前的视野范围以内；同时能够开始有所行动，例如将他们抱起来或者检查尿布，等等。即使是幼小的婴儿，不太会控制自己的情绪，也并非突然爆发的，如果我们能在一开始就对孩子予以及时的回应，就能大大降低无故哭闹发生的概率。

相反，如果我们不及时回应 0~3 个月孩子的呼唤和哭声，可能会让他们意识到，低声的呼唤是没有用的，只能嚎啕大哭才能引起父母的注意，从而获得相应的帮助。那些在幼年时期，总是需要大哭大闹的孩子在成年以后也更容易情绪失控。

为了提高人口数量、增强国力，1966 年罗马尼亚废除了以前关于个人可以自由流产的法律，实施了禁止堕胎的政策。在这项政策实施一年之后，罗马尼亚的婴儿出生率就翻了一番。

接踵而来的是，无力养育孩子的妈妈们，将很多刚出生的孩子送到了孤儿院。但是，爆满的孤儿院完全无法承接如此之多数量的婴儿。数千名儿童在这些孤儿院长大，能获得食物和水，却不能与人接触。他们哭泣时，没有人安抚，没有人拥抱。

20 世纪 80 年代末，美国一些慈善及研究机构从这些孤儿中随机挑选 68 个孩子送到温馨的寄养家庭，还有 68 个随机选出的孩子，令人心碎地被留在孤儿院。这就是随机对照实验布加勒斯特早期疗育计划（Bucharest Early Intervention Project）。

研究人员发现，仍然留在孤儿院的孩子大脑活跃程度远远落后于正常的同龄孩子，脑灰白质体积小得多，部分大脑组织也已萎缩。在身体成长方面，这些孩子中只有 3%~10% 的人与他们同龄段孩子的体型是相当的。此外，他们在运动发育方面同样也严重受损。2 岁以后的孤儿，即使已经进入充满关爱的寄养家庭，其智商依然只停留在 70 左右，不再增长。

虽然这是一个非常极端的实验，现实中也很难出现这样的忽视情况。但是，实验的结果却证明了：需求总是被忽视的婴幼儿，其大脑发育将落后于同龄人；如果这种忽视持续到2岁以后，那么他们的大脑发育水平永远也不如正常孩子。换句话说，我们的忽视对孩子大脑发育的伤害，是不可逆转、无法补救的。

这也是为什么，欧美国家将忽视也视为一种虐待。

当然，这并不意味着一味容忍孩子的哭，或者以哭作为要挟来达到自己需求的行为。我们应该慢慢讲道理，慢慢说事实，慢慢找到解决问题的方案。当孩子哭泣时，不要因为他哭就忽略他，甚至去揍他。相反，如果我们能及时回应孩子的情绪，结果可能大不一样。

如何促进孩子的语言发育

语言交流能力是婴幼儿交流的重要工具和手段。

婴幼儿的语言过程主要包括：语言感知、语言理解和语言表达三个方面，它以婴幼儿听觉系统、发音器以及大脑神经中枢的发展与成熟为重要的生理基础和必备的前提。由于语言能力具有交际功能，能促进婴幼儿社会性的发展，对大脑的认知过程具有概括作用，对心理活动和行为具有调节作用，并能促进逻辑思维的发展。

其实，只要父母能多和孩子互动，任何形式的“谈话”都有助于培养孩子的词汇量和语言能力。

当宝宝刚诞生时，父母也可以模仿孩子发出的各种声音——当孩子发出声音时，即使是没有任何实际意义的声音，也可以把它当作我们与孩子之间的对话。实际上，研究发现，即使是很小的婴儿，也可以开展一场对话，只不过这样的对话大多是非语言的层面进行的。通过对话给予孩子（甚至在婴儿期）关注非常有益，可以培养他们的自信心，也有助于建立牢固的亲子纽带。

那么，我们该如何促进宝宝的早期语言发育呢？

首先，婴儿的主要照料人要主动发起对话。

爸爸妈妈是宝宝天然所信任和喜欢的对象，也是语感语音的语言材料的直接提供者，通过在具体的语言场景中和孩子对话，能让他们在具体的语境中进行沉浸式的学习，同时延长语言的暴露时间，并通过手势姿态表情来帮助宝宝理解，对其语言发育大有裨益。

其次，增加面对面的真实互动。

面对面的真实互动是效率最高的交流方式，因为语言大约只能表达出10%左右的信息，还有更多的信息获取是从非语言的层面来获得的。当我们在现实生活中和孩子对话时，会让他们接触到更多的词汇和表达方式，与此同时周围的环境也能帮助他们学得更好，例如当孩子摸到一个绒球时，我们会告诉他，这是一个球，一个软软的球，一个摸起来软软的球。这样的语言看似简单，却让孩子理解了物体的名字、物体的形状并动手去感受了物体的触感等。千万不要小看这样的日常对话，多说多聊，对促进宝宝的语言发育很有效。

第三，适当使用叠词和妈妈语。

关于叠词和妈妈语，学界有很多的探讨，但普遍认为它们是有助于宝宝语言发育的，因为婴幼儿在最初的语言发育时，他们的口腔不太容易进行变化，因而叠词对于他们来说是更友好的，只需要将前面的音节重复一次就好，例如“车车”“饭饭”等。与此同时，妈妈语也是很重要的——这是一种妈妈们对着孩子说话时天然就会的腔调和句式，包括上扬的尾音，缓慢的语速、拉长的发音和简单的词汇等。

此外，爸爸妈妈可以主动去模仿和引导孩子的语言，当孩子说出“ba”

的音时，我们只要去重复这样的翻译，就能够让孩子感到自己被听到了，同时增强说话的自信。作为父母，我们可以对孩子的语言进行主动的解释。还是刚才那个例子，当孩子说出“ba”的音时，我们可以将宝宝的手指指向爸爸，告诉他这是“爸爸”（ba•ba），同时也可以指向动物的尾巴，告诉他这是“尾巴”（wei•ba），还可以进一步扩展到“粑粑”（ba•ba）等更多的词汇。这样虽然孩子起初只会发一个音，却在父母的引导下不知不觉掌握了更多的词汇。

语言敏感期和游戏

研究表明汉语儿童在9~21个月期间，能说出第一个有意义的词。但是他们在能说出有意义的词之前，往往需要基于语义理解，才能表达出来。通常来说，当孩子说10个词时，已能理解60个词；而他们能理解50个词的5个月后，才能说出50个词。

孩子的语言发展有“敏感期”，也就是说，他们不是依靠每天积累1个词，一年积累365个词这样发展的，而是会突然进入一个语言素材积累的“爆发期”，甚至一周内学会说20~30个新词。父母要做的，就是把握这样的“语言敏感期”，帮助孩子在语言爆发阶段，进行快速的词汇和短语积累。

第一个重复出现的发音。如果说婴儿最初的发音更多是杂乱和无意义的，那么当他第一次重复出现某个发音时，就说明他开始进行了发音练习，父母要做的是趁此机会将他所发的音和现实指向的物品相联系起来。声音可能因人而异，但大部分孩子发出的音是“ba”或者“ma”。上文已经提到了当孩子发出“ba”的音时可以进行的亲子游戏，当他能发出“ma”时也同样能进行类似的游戏。例如指着妈妈说“ma”，然后指着小马说“ma”，再指着芝麻说“zhi•ma”。这样尽管孩子只能发出一个简单的音，但我们已经让他理解了更多的语音和事物之间的对应关系。

第一次说出叠词。从单音节到叠词，孩子的语音发育已经有了新的进步。这一阶段我们要做的就是用同样的方式帮助他认识世界并进行表达。每个妈妈都很会创造易于孩子理解的叠词，例如花花、瓜瓜、猫猫，等等。

第一次发生叠词变化。这一阶段孩子可能会练习各种发音变化，例如他会用同一口气息，通过口型的变化发出不同的音调。这一阶段孩子的发音看起来可能会很奇怪，甚至他们也喜欢吼闹大叫，发出“wu•wa•a”这样一连串的声音。口型变化可能是孩子从说叠词到说词语的一个关键点，我们也可以顺应孩子的发音练习，让他通过模仿来获得更多的口型锻炼。在这一阶段，我们可以帮助孩子玩一些吹气的游戏，例如将小球放在纸板上，让孩子通过吹气将小球移至指定的位置；还可以通过吹泡泡等方式锻炼孩子的呼吸、口腔肌肉群和发音。

第一次说出词语。当孩子第一次说出非叠词的两字词语时，意味着他即将开始进入词汇爆发期了。他开始了解如何用不同口型发出不同音，再连在一起表达出意义。我家小萌 1 岁半时进入这一阶段，起因是他的舅妈非常漂亮，大概是为了和舅妈“套近乎”，小萌努力想要发出这个词语来吸引舅妈的注意。由于他已经会发出“ma”的音，所以我们先教他“jiu”的发音，再将两个音节联系起来。在不断的反复练习下，当晚小萌真的说出了“舅妈”这个词——尽管发音还比较含糊，但他迅速进入了说词语的阶段。此后的三天内，我们开始教他所有他感兴趣的事物的名字，从苹果到香蕉，从大象到宝贝，很快他就开始脱离叠词阶段了。有的父母担心孩子一直处于低幼的叠词发音阶段，就是没有留意到从叠词迈向词语的阶段，如果能及时在这一阶段做出发音的改变，孩子很快就能学习成人的说话方式。

第一次说出三个字。从两字词语到三字词语又是宝宝语言发育的一大飞跃。练习方法和上面类似，这时宝宝即将进入说短语和句子的新阶段，我们可以和他一起来玩这些游戏。

游戏：买东西。采用相同句式来学习新的词汇。例如“买香蕉”“买苹果”“买橘子”这样的对话，辅以具体的食物或者玩具，能让宝宝在玩耍中不知不觉学习更多的词汇。在这一阶段，给宝宝看一些“可预测句式的绘本”也有助于发展他们的语言能力，这些绘本通常全本都是同个句式，只在末尾的词语上有变化，难度适宜，也让宝宝更有说话的自信。

游戏：堆句子。这个游戏能锻炼宝宝的语言能力及记忆能力等。我们通常从一个词开始：

“车”

“白车”

“白色的车”

“开白色的车”

“爸爸开白色的车”

“爸爸喜欢开白色的车”

“爸爸特别喜欢开白色的车”

就这样一路玩下去，需要宝宝记住之前的内容，并在此基础上不断新增词汇和表达方式，从而更好地促进孩子的语言学习。

如何让孩子愿意沟通

想要让 1~3 岁的孩子愿意沟通和交流，主动开口说话，不妨听听以下这些建议。

吃饭的时候，通常是和孩子交谈的好时机。

提问要能鼓励孩子去思考：会发生什么？你想想看会怎样？为什么会这样呢？

跪或蹲下来，和孩子有近距离的目光接触。延长和孩子交谈的时间。交谈过程中，让孩子时而提问，时而回答；你也一样。

给孩子讲故事，也让孩子给你讲他自己的故事。确保每天都让所有孩子们参与对话。可以问他们在做什么，在玩什么。

建立话题之间的联系。将读或者学过的书和最近的活动、孩子自己玩过的游戏联系起来，帮助他们了解词语的含义。

帮助孩子扩充语言。在重复孩子的话时，加上描述性的词语，并将孩子原本错误的说法修改为正确的说法等。

双向交流。对话过程中，确保至少有一半时间是孩子在说话。关键是给孩子留出足够的理解时间、反应时间，并顺着孩子的话聊下去。

每天都坚持和孩子保持至少一次的一对一聊天。

书本、海报、报纸和杂志都能成为你们谈话的素材。和孩子一起一点点地阅读、提问和谈论上述文本。

和孩子一起将故事表演出来，并运用故事中的语言作为台词。鼓励孩子将这些故事讲给布娃娃、玩偶，以及在艺术课上表演出来。

语言中蕴含的单词要丰富而多样。当然，是你希望孩子们能理解和运用的语言素材。和孩子聊天时需要不断提出问题，并予以适当的评论。

第五节
鼓励孩子

近30年以来，心理学界关于“夸奖”（Praise）的研究，逐渐颠覆了人们对“如何夸孩子”的认知。

“你真棒”，是典型的对孩子能力的肯定（Person Praise），尽管很多父母都习惯性使用，但近年来广泛的研究发现这种夸张会损害孩子的学习动机、心理弹性（抗压能力），甚至在某种程度上阻碍他们的人生；相反，学界目前更为推崇的是对孩子努力的肯定（Process Praise）。

夸能力还是夸努力

我们通常会认为直接表扬能让孩子建立自信，例如“你真棒”“你太厉害了”“你考得真好”“你居然踢进了3个球，我太为你感到骄傲了”等。事实上，这类表扬只会降低孩子的自信，因为他们很害怕失去这样的表扬。

美国著名的心理学家卡罗尔·德韦克（Carol S.Dweck）对心理学研究，尤其是社会心理学和发展心理学，产生了重要的影响。1988年，卡罗尔曾进行过一个实验，将128名10~11岁的孩子分为两组，她给这两组孩子都进行了智力测试（IQ test），主要是一些智力游戏等。接下来，她一对一给予这些孩子反馈，夸奖A组孩子：“你做得太棒了！你真的很聪明！”，夸奖B组孩子“你做得太棒了！看得出来你很努力！”

接下来，她问这两组孩子是否想要再做一些智力测试，结果发现，被夸聪明的A组孩子拒绝了，因为他们已经被贴上了“聪明”的标签——他们喜欢被人夸“聪明”，并且害怕接下来在测试中出错，就会失去这一标签；被夸努力的B组孩子却很乐意做更多的智力游戏，因为他们认为自己被表扬来自于“努力”，所以越努力，就能获得越多的表扬。

于是，她又给了这些孩子与之年龄所不匹配的、难度更大的挑战，结果发现，被夸聪明的A组孩子心态崩了，他们认为自己可能“并不聪明”；被夸努力的B组孩子则不断尝试，因为他们认为只是有的地方做得还不太对，但他们总会找到解决方法。

次日，她又给了这些孩子与第一天智力测试水平相近的题目，那些被夸聪明的A组孩子，测试分数出现了严重的下滑，因为他们在遭受打击后认为自己“并不聪明”，因此在测试中未必能取得和之前一样的好成绩；而被夸努力的B组孩子，测试分数则呈现大幅提升。

此后多年，卡罗尔的研究还在继续。她根据孩子在成长中被夸“聪明”（being intelligent）更多，还是被夸“努力”（product that they produce）更多，把孩子分成了两类具有不同心态 / 思维方式（mindset）的人。

一类人拥有固定型思维（fixed mindset）。他们害怕失败，不愿意去尝试太难的挑战，因为他们不想失去自己的“聪明”标签，害怕自己的挑战失败会让周围的人失望。当他们寻找伴侣时，倾向于选择那些总是夸奖、从不批评他们的人。当他们听到有建设性的批评时，会觉得自己被攻击了，而不是考虑这些建议的合理性。他们会认为这些批评者发现了自己“并不聪明”的真相，因为他们在内心深处从来都觉得自己并不聪明。当他们被夸奖擅长某类工作时，通常会拒绝尝试其他类型的工作。他们也不愿意努力工作，因为他们认为天生就聪明的人不用太努力，相反，努力则意味着不够聪明。当他们在一项考试中失败后，可能会选择通过“作弊”来获得好成绩，而不是更努力地学习；或者找到那些比自己考得更差的同学，以此获得心理安慰。

另一类人则拥有成长型思维（growth mindset）。他们认为越努力就会越聪明。因为在他们看来智力并非固定的，也并非简单的“聪明”或者“不聪明”，而是取决于努力的。所以他们更愿意付出努力。当他们寻找伴侣时，倾向于选择那些和他们有所不同的人。正因为彼此各有所长，所以能在这段关系中获得成长。当他们听到有建设性的批评时，会将其视作“可借此成长的机会”，而非恶意的攻击。

2011 年，卡罗尔检测了这两类不同思维模式的人面对错误时的大脑活动图像。研究发现，左侧固定型思维的人，大脑几乎没有活动，这也意味着他们面对错误会选择逃避；右侧成长型思维的人，大脑正在高速运转，包括剖析错误、从中学习和试图找到解决方案。

对孩子努力的肯定，会直接影响他们对成功或失败的归因——到底是聪明带来的成功，还是努力带来的成功；是不够聪明导致的失败，还是不够努力导致的失败。显然，如果孩子认为聪明来自于先天遗传，不够聪明的话，一切都完蛋了；如果孩子认为聪明来自于后天努力，那么还可以通过继续努力来达成目标。

如何夸奖孩子

那么，我们还能夸奖孩子的“能力”或者“结果”吗？可以，但是有限制条件。对 0~3 岁的孩子来说，当他们刚开始做某件事时，我们可以夸奖他的能力，这会让孩子在初期建立自信并愿意尝试。但要注意两点：一是夸完他们的能力后，不要立刻让他们进行难度太大的挑战，而是要帮助他们将一项工作分解成若干个难度较小的步骤；二是在他们完成这些难度较小的步骤时，需要尽快将对能力的肯定转化为对努力的肯定，而不是一直夸孩子“真棒”“聪明”。

如果我们要夸奖结果，那一定要将其和努力联系起来。例如，“你今天能自己喝水了，这可真是太棒了！因为你一直在努力练习这个动作，所以你的力量也变得更大了，手也握得更紧了。你真的在不断努力，不断长大！”

在夸奖孩子的努力时，我们可以尝试以下方式：夸孩子所付出的努力；详细地谈论孩子的做法和策略；积极关注孩子做得好的地方，并具体描述出来；将孩子的努力和与其有逻辑关系的结果相联系起来；讨论哪些做法有用，哪些用处不大；让孩子解释他的作品或做法等。

当然，即使是夸奖孩子“努力”，也需要避免一些不太适合的做法，比如：不要对微小的成就或努力给予频繁表扬；不要夸大其词的表扬，尤其对自尊心不强的孩子；不要用“并非每个人都能做好每件事”来安慰失败的孩子。

具体到夸奖的方式，不仅有语言表达，还可以采用表情、动作、姿态、拥抱等肢体语言。这些对孩子的鼓励，都会让孩子获得积极的关注，从而越来越容易沟通。

第四章

孩子不听话时，父母该怎么办

当父母能接纳、包容孩子的情绪，并教会他们辨认自己的情绪，合理表达自己的情绪时，孩子就会比较容易平和快乐。

第一节
情绪管理

20 世纪 80 年代初，美国心理学家加德纳（G.Gardner）对传统的智力测验提出质疑，认为人的智力是多元的、全方位的，提出了多元智力结构理论。他在《心智的构造》一书中明确指出，人的智慧是多种多样的，至少可以归为七大类即言语能力、数理逻辑能力、空间认知能力、体能能力、音乐能力、人际关系能力、自我审视能力。1990 年美国心理学家约翰•梅耶（John Mayer）和彼得•萨洛瓦里（Peter Salvoey）接受加德纳的智能多元化理论，创造性地发挥了其理论中的人格智能的基本思想，首次把情绪智力从人类的智慧中离析出来，用情绪智力这一概念来描述对成功至关重要的情绪特征，并经过 1993 年、1996 年两次修订，到 1997 年基本定型。

我们希望孩子独处、遇到刺激事件时或与环境、他人的交往中能识别自己与他人的情绪，还能进行适度的、恰当的表达和调节，能使情绪处于一种稳定的、和谐的、积极健康的状态。那么，我们该如何培养孩子的情绪管理能力呢?

帮助孩子辨认情绪

孩子成长过程中一项非常重要的任务，就是学习辨认情绪并且了解如何表达它们。学习对情绪的辨认、理解与控制。能辨认出情绪意味着孩子能给特定情境下产生的情绪命名。兴奋、失望、骄傲、愤怒、期望，等等。一个孩子对情绪识别越多，他越可以更准确、更清楚地表达他的情绪。而有效合适地表达情绪能使孩子更正确地应对情绪事件。

通过父母和孩子之间的对话，我们可以教给孩子辨认各种各样的情绪。父母可以在自己或他人有情绪的时候，趁机引导孩子“小朋友的玩具被抢走了，他很伤心、他一定很愤怒……”“当父母不在你身边时，你觉得不高兴吗？”“我们今天玩得很高兴”，也可以通过句式“妈妈今天很难过是因为……”“爸爸这会儿在生气是因为……”等，让孩子在认识到各种不同的情绪同时，还能寻求情绪产生的原因。

无条件接纳孩子的情绪

接纳是先理解和接受孩子的现状，再着眼未来寻求逐渐改变，要先意识到孩子不可理喻的情绪是有原因的而不是一味地呵斥指责。

接受，就是你注意到孩子有情绪，同时接受这个有这份情绪的孩子。这可以用类似以下的话表达出来：“我看到你有些不开心，愿意跟我谈谈吗？”或者“你看起来心情不太好，能告诉妈妈发生什么事了吗？”相反，如果我们无法看到孩子的情绪，或者否定他的情绪，例如“你怎么又发脾气了？”“你怎么这么难管？”“你看看别人家的孩子？”等，其实是在把孩子推开。

对于孩子的消极情绪，我们不能简单要求孩子压抑、控制，而是要帮助他们学习选择对自己和他人无伤害的方式去疏导和宣泄这种情绪。当0~3 岁的低幼孩子烦躁、哭闹、发脾气，出现不良情绪时，首先设法转移他的注意力，采取支持的方式帮助孩子处理他们的情绪，同时注意那些退缩以及明显表现出消极情绪的孩子，使用非言语的方式关注孩子的感受，同样也关注他们遇到困难时会说些什么，细心观察他们的态度、表情、音调以及其他一些非言语特征的变化，使用你的身体语言来表达兴趣与关注，控制你的情绪和行为。

对孩子情绪的无条件接纳，会让孩子感到被接受和被倾听，孩子不但认识到他们的情绪被成人尊重，而且还会发现他们的情绪与别人的情绪并没有什么不同，也不会使孩子认为自己的情绪体验是不正常的。只有这样，孩子才能正确地对待自己的各种情绪，发展更高的社交能力，形成积极的自尊。

如何管理情绪

我们必须承认的是，年幼的孩子情绪不太稳定，常常因为受到外界影响而波动和变化。

现实生活中，如果孩子遇到了负面情绪，但又没有宣泄出去时，就容易引发一些不良的行为。由于在家庭生活中，孩子知道父母对自己的容忍程度很高，因此也可能会有更频繁的情绪发泄，这也是为什么我们会说孩子在自己身边就特别难带，但是换了一个人带就变得很乖很听话，这是因为孩子对我们有很强的安全感，从而更愿意展露出自己的真实情绪。

但如果孩子在家庭中发泄情绪时，父母难以忍受或者用强制的方式，让孩子听话或者承认自己的权威性，有可能阻碍孩子情绪的发泄，造成负面情绪的积累和下一次更猛烈的爆发。

有的父母害怕孩子生气，于是尽力满足孩子的一切需求，来避免他们发脾气，但实际上为了促进孩子的情绪发展，培养他们初步的情绪调控能力，父母应该让他们全面的体验各种情绪来丰富情感世界，这些情绪中既有积极的也有消极的，而当孩子面对消极的负面情绪时，恰恰是他们学习情绪管理的机会。

将情绪以适当的方式表达出来

孩子的负面情绪可能通过各种方式来疏导和宣泄。

例如最简单的游戏，就能帮孩子宣泄情绪。当孩子在玩沙子时，通过小铲子戳、打、挖等运动，有可能将负面情绪发泄出去。或者当他们自由追逐奔跑时，一方面发泄了负面情绪；另一方面也刺激了多巴胺的分泌，从而更容易保持愉悦的心情。就像成人一样，当我们遇到不开心的事情时，选择慢跑等运动也有助于我们从负面情绪中走出来。

2 岁以上的孩子已经具备了初步的情绪表达能力，我们可以鼓励他们将自己的情绪说出来。一方面我们可以准备一张情绪脸谱，让孩子通过指出画图上小人的表情，来表达自己现在的心情，而不是每次生气都只说生气或难过；另一方面我们可以帮助孩子把他的想法说出来。这在我家特别管用，每当小萌大声哭泣时，只要我能够说出他内心的想法，例如“你是不是因为得不到蛋糕而觉得很伤心”或者“你哭是因为不想去睡觉吗”他就会停止哭泣。神奇的是，对 0~3 岁的孩子来说，有时候我们只需要说出他们心中所想，让他们感觉自己被理解了，他们就很容易恢复理智，并慢慢平静下来。

游戏：讲述感觉

第一步，家长尝试着帮助孩子说出他们的感受，例如“刚刚妈妈没有让你吃糖，你是不是觉得很伤心？”接下来，家长可以假扮孩子说，“如果我妈妈不让我吃糖，我也会很伤心，甚至会哭呢！”话锋一转“但你没有哭闹，你做得真棒！”

第二步，家长鼓励孩子去讲述自己的感受。“你感到难过吗？为什么？”耐心地听孩子的理由，也许比较夸张，但基本是事实。家长帮助孩子去补充、完善关于情绪的表达。

第三步，当孩子主动表达自己的情绪时，给予肯定。正如我们在课上所学到的，要无条件接纳孩子的情绪本身，但并不用全盘接受孩子的表达方式和需求。

这个游戏可以帮助孩子主动表达自己的情绪，完成了情绪的识别，又借由言语将这样的情绪以叙述的方式发泄出来，这正是帮助孩子培养情绪智力的好办法。经常和孩子做这个练习，你会发现孩子也会逐渐变得有同理心，有时候你表现出难过、开心的时候，他们甚至会主动过来询问你的感受，给你安慰，或与你分享快乐。

第二节
情绪控制练习

认识和辨认出情绪后，最重要的一点就是能否及时控制自己的情绪。因此，在这一节中，我们将介绍一些吸收了正念训练（mindfulness training）的情绪控制练习，这些练习能够锻炼孩子的大脑，并帮助他们学会在关键时刻控制自己的情绪。这些练习不仅针对孩子，对父母也有用，欢迎和孩子一起常玩这些游戏。

情绪罐子

情绪罐子（Mind Jar）的训练能够帮助孩子将烦恼的意象整理清晰，从而渐渐冷静下来。

不知你可曾注意过，当我们心绪烦乱的时候，总觉得脑子里面嗡嗡地响，各种情绪和思路夹杂在一起，令人烦躁。然而，当我们将这些烦心事写下来或者告诉朋友时，就会感觉内心舒服多了；更重要的是，通过厘清自己的思路，是我们自己而非朋友，指明了未来的决定和前进的路。

情绪罐子正是这样一种帮助我们把脑中纷繁思路形象化的游戏。

我们需要准备一个能密封的透明罐子、热水，以及一些亮片或者茶叶。将亮片或茶叶放入罐中，注满热水，再拧紧盖子，然后用力摇晃杯身，让这些亮片和茶叶散落开来——这就是我们生气时的头脑状态，乱糟糟、闹哄哄的。

接下来，我们将这个罐子放在桌子上，坐下来仔细观察亮片或茶叶慢慢沉降的过程，直到他们归于平静——这是我们的情绪正在慢慢沉淀的过程。

这个游戏对 0~3 岁的孩子尤为适用。可能是罐子里物体的运动状态暂时转移了孩子的注意力；但更重要的是，我们能帮助孩子看到纷乱的情绪如何慢慢平静下来。借助这个简单的道具，我们就能让自己和孩子的心绪变得安宁。

平时常玩这个游戏，当遇到问题时，拿出情绪罐子，告诉孩子："我理解你，现在你的心情就像这些亮片一样乱，对吧？我会陪你一起，看着这些亮片慢慢沉底，这会让你也感觉好一些。"

当然，如果觉得热水和各种准备工作很麻烦，我们也可以选择流沙类的摆件等，让孩子慢慢平静下来。

冻结舞蹈

冻结舞蹈（Freeze Dance）是另一个深受 1~3 岁小朋友欢迎的游戏。随着音乐起舞是人类的天性，在这种舞蹈之中，气氛也更容易缓和下来。那么，何谓"冻结"舞蹈呢？

原来，这类舞蹈会有好几次节奏变换，并且伴有旁白提示。一开始可能是一段介绍，邀请孩子参与一个游戏，跟着口令来跳舞；接下来可能要求孩子跳得尽可能快，然后是跳得尽可能慢，或者给予一些有趣的指令，包括单脚跳、双脚跳、转个圈等；但最后一定会有一句话出现，那就是

“Freeze”（冻结 / 停住）！并且音乐戛然而止。

这个游戏会在孩子的心里埋下一个密码，当我们喊出最后这个要求听令的关键词时，孩子必须停下来——于是，在孩子进行一些危险动作或者情绪愤怒时，我们也可以喊出同个词语，让孩子下意识地停下来。

要在家里玩这个游戏，也可以不需音乐，只需要爸爸妈妈和孩子一起玩就好啦。妈妈和爸爸可以来担任旁白，根据歌曲的快慢和场景控制不同的节奏，最后突然停止舞蹈，并喊出这个“停止”的关键词。

英语好的父母可以搜索“Freeze Dance”的关键词，就能获得不同版本的歌曲，选择孩子喜欢的来游戏；如果担心自己英语不好或者唱歌走调，也可以用口令的方式来进行，只需要播放点背景音乐就好。

这个关键词不一定要是“Freeze”，也可以是我们和孩子约定好的任何不太常见的词汇，例如“住手”这样的关键词，可以在一些紧急关头帮助孩子控制情绪，起到意想不到的作用。

镜子游戏

镜子游戏（Mirorring Game）是一项非常受欢迎的亲子游戏，不仅能帮助孩子增强自控力，还能锻炼手眼协调、领导力、团队协作等多项能力。在美国，孩子们不仅从能坐起就开始玩，甚至十几岁的青少年，也会在学校和社区活动中持续进行这项游戏。

首先，两人面对面站着或坐着，摆出相同的姿势；根据约定，由其中一人开始率先变动自己的身体姿态，另一人需要尽量模仿对方的动作，就像自己是镜子里的人像一样；接下来，两人都回到起始姿势，由之前模仿的人率领动作，之前率领动作的人模仿对方。

当孩子模仿对方动作时，需要集中注意力观察对方的动作，预测其下一步动作，这样才能做到和对方同步；而当你模仿孩子动作时，能让孩子意识到自己处于控制的地位，别人得服从自己，建立“我很重要”的自尊基础。

这个游戏旨在“模仿成功”，因此当孩子做出快速的动作，希望你跟不上而看你笑话时，你可以提醒他：“咱们一起努力，才能完成这个镜子游戏。”从而让他不会做出各种古怪的动作，反而留意你的动作，停留在你能跟随的节奏上。对团队协作的强调，更容易帮助孩子在社交方面顺利发展。

与此同时，与宝宝手和手的接触、眼和眼的注视，也能促进良好的亲子关系。我家小萌特别喜欢玩这个游戏，哪怕每天只玩 10 分钟，由他带领 5 分钟，再换过来自己带领 5 分钟，都会让他得到我专注和积极的关注，并且让他理解何谓“轮流”和“听话”。

青蛙和熊猫

青蛙和熊猫（Frog and Panda），这个名字是否让你想到了两种动物？没错，在这个游戏中，青蛙和熊猫扮演着不同的角色，类似于“好人”和“坏人”这样的对立面，但不容易让孩子对好坏产生绝对的二元划分。

一开始，父母可以准备两张图片，一张上面是青蛙，另一张上面是熊猫，并且告诉孩子如果是青蛙的指令，我们都不要照做，如果是熊猫的指令，我们就需要照做。比如：青蛙说：坐下，这时孩子就不能坐下，躺着也行，不动也行。熊猫说：坐下，这时孩子就要立刻坐下了。反应快的人就顺利通关，反应慢或者做错的人就算输掉一局。

我们可以通过孩子的表现来调整自己的指令，例如“青蛙说：1 分钟以后，我们需要去卫生间刷牙”，1 分钟后，孩子就迫不及待地奔向卫生间去刷牙了——通过游戏的形式，就能让孩子的行为发生巨大的改变。

当孩子已经熟悉了青蛙和熊猫这两个角色后，我们可以升级游戏的难度。此时，告诉孩子关键是“注意听妈妈说什么，而不是看妈妈拿了什么。”我们可以故意拿错卡片，例如举着青蛙的卡片说“熊猫说：唱歌！”来看看孩子的反应能力；或者改变规则，关键是看妈妈拿了什么，而不是听妈妈说了什么。这样的训练都有助于孩子的专注力、思维的敏捷性等。

这个看似简单的游戏有什么好处呢？可能你已经注意到了，这两个形象对应的正是“是否”命令。有时候时间紧急，我们难以跟孩子清楚解释一切时，只需要玩这个游戏，告诉他这是来自青蛙或者熊猫的命令，就能让 1~3 岁的孩子立刻记起游戏的规则，并将这些规则迁移到现实中的规则上来。

手偶游戏

手偶游戏也是经久不衰的亲子游戏。

有时候，当孩子感到压力时，不愿意跟父母说出自己的心里话；相反，利用手偶这一道具，3 岁以下的孩子更愿意向手偶倾吐心声。在国外，甚至还有“狗狗读书会”——当然，并不是由狗狗来读书，而是读给狗狗听。在这些读书会上，训练有素的狗狗会趴在地上，温柔地看着孩子们，让孩子们敢于开口给狗狗读书。因为研究发现，孩子更容易对温和和虚拟人物敞开心扉，因此不论是给狗狗读书，还是对着手偶说话，实际上都有助于让孩子敞开心扉。

我们可以自己制作手偶，也可以购买一个毛绒可爱的手偶。接下来，我们可以和孩子一起给这个手偶命名，然后与之成为朋友。当孩子爱上这个手偶，它可能会成为孩子最好的陪伴和安抚，令孩子安静和放松下来。

当孩子勃然大怒或不愿意和父母交流时，我们可以拿出平时经常和孩子玩的手偶，问问他："宝贝，你还好吗？我很担心你！"孩子开口的可能性往往会大大提高。

呼吸游戏

当我们意识到自己不冷静的时候，通常会先深呼吸调整，再开始处理问题。但是普通的深呼吸，对孩子未必有用，所以有了这种升级版的蝴蝶深呼吸。

游戏步骤如下：当你察觉孩子生气的时候，肯定他的情绪，告诉他，现在他就像一只生气的蝴蝶；蝴蝶生气了怎么办呢？当然是要到处飞了！这时，带着孩子一起，用双手当作翅膀，上下挥舞；边挥舞，边配合吸气和呼气，很快，孩子就会平静下来。除此之外，模仿胀鼓鼓的气球如何消气、大风中摇摆的大树等，都很有效。试试看，看孩子喜欢哪个，愿意尝试哪个。

第三节

亲子沟通

在这一节，我们将聊到何为良好亲子沟通的前提，当孩子发脾气时我们如何沟通，以及对孩子各种不良行为预防的最有效工具——积极关注。

良好的亲子沟通

良好的亲子沟通需要有几个前提，即令氛围变得舒适，和孩子建立情感联结，才能帮助他感觉好从而做得好。为此，美国儿童治疗师珍•伯曼（Jenn Berman）曾总结出过十条与孩子有效沟通的建议：

1. 真正倾听孩子的声音。用和孩子平等的身体语言（俯下身，平视孩子），关掉电脑、电视、手机，用心倾听孩子的话，并透过孩子的只言片语来了解他真正的需求。

2. 尊重孩子的感情。倾听孩子的描述，并将你对孩子的理解表达出来：孩子是通过成人的反馈来了解感情和自己行为正确与否的。如果一个孩子的感情能得到充分的理解和正常释放，就能更好地成长。

3. 建立孩子的成就感。孩子总是希望取得父母的认可的，即使有时候他们表现得好像专门和你作对，你也一定要明白这不是他们的本意。例如有时孩子不断说脏话，其实是希望得到你的关注和回应。他们会认为如果不说脏话，你就不会第一时间跑到他们身边去。

4. 让孩子感到自己被了解。如果孩子能感受到自己被了解、关心和重视，他们就会更主动地学习、与人合作和关爱他人。大喊大叫、羞辱、伤害或者命令的方法，只能适得其反。

5. 避免争夺控制权。越是试图控制孩子，越有可能与孩子发生争执。虽然不主张让孩子来制定规则，但建议父母使用一定的技巧和语言让孩子一起来做事，而不是抵制你。孩子的突出特点之一，是渴望帮助和取悦爸妈，作为父母应该满足孩子这种需求，并给孩子一个独立自主的空间。

6. 建立明确一致的行为准则。尊重孩子绝不是指没有任何规则，相反，孩子是需要规则和限制的。在表达的时候，务必确定你能清楚地向孩子表达这些规则和限制的意义，不要进行空洞的威胁。孩子们往往在不断观察父母是否真的会监督他们按规矩行事。

7. 言传身教。礼貌言行是逐步形成的，这需要孩子能了解他人的感受并且控制自己的行为，对孩子来说是比较高的要求。只有以身作则、言传身教，才能对孩子的行为进行潜移默化。

8. 认识到语言的力量。父母必须谨慎措辞，尤其不要随意给孩子贴标签。就事论事地叙述你的看法和期望，而不是打骂、不雅昵称、不恰当的褒奖或者盖棺定论的判断。

9. 给孩子留出过渡的时间。孩子有自己的活动节奏，并且比成人的节奏慢得多。因此，如果希望孩子进行下一项活动，需要提前告知他，耐心地提醒几次，并且可以使用一些固定的程序。例如要把孩子从游乐园带走时，可以和孩子一起唱你们编的“再见歌”，从而帮助孩子实现心理上的过渡。

10. 恰当地对孩子说“不”。不纵容孩子的重要法则之一，就是学会对孩子说“不”。但是，需要以恰当的方式来进行。你可以告诉孩子：他还能做什么；试着告诉他不希望他这么做的原因；给出另一种替代方案；提供两个你能接受的选择；再次重申和阐明规则；推迟满足孩子的需求；幽默地化解孩子的问题；认可隐藏在孩子未被满足的请求下真实的愿望。

“处理问题”的沟通三步法

如果孩子已经出现了一些问题行为，我们应该如何引导他们呢？在本节中，我们将为大家分享沟通（ACT）三步法。

第一步：完全接纳孩子的想法或感受（Accept your child's wishes or feelings）

前面我们为孩子铺垫了很多情绪教育，此刻正是这些教育的用武之地。首先我们需要完全接纳孩子的想法和感受。对于1~3岁的幼儿来说，受到挫折或者沮丧进而发脾气是一种正常的情感宣泄和行为表现。因此我们首先是要接纳他的想法和感受。

具体的做法是，蹲下来平视着他们的眼睛。如果他只是在原地哭闹，我们可以试着通过肢体接触握住他的手或者抱住他；如果他已经开始撒泼打滚，则可以跟他说：“我知道你现在很不开心，但发脾气解决不了问题。我就在这里陪着你，等你冷静下来”；如果他开始乱砸东西甚至打人，则需要抱起他离开现场，并将他放在角落等人少及相对安全的位置，再和他沟通。

非语言层面的信息传达给孩子了，就要紧跟上语言层面的信息，最有效的方法是“简单描述孩子的情绪，然后描述孩子的困境和需求”。在这里我用了简单描述孩子的情绪及告诉孩子“我知道你现在挺难过”，但这样的描述得到孩子的肯定并消解它不被人理解的孤独感后，就应一笔带过，因为如果我们一直重复肯定孩子的负面情绪，可能会让孩子又陷入“问题—生气—问题—生气”的循环中，所以最好能很快转向对“具体问题和困境的沟通”。

例如当孩子想要糖，但又得不到而哭闹的时候，我们可以跟他说：“我知道你现在很难过，因为你吃不到糖，但你又很想吃糖。”在具体的沟通中，我们一定要把话语导向孩子的具体需求，然后开始针对需求的讨论。

一旦我们讨论的是孩子所密切关注的问题的导火索，就将孩子从“问题—生气—问题—生气”的循环中拉出来，引入了“问题—解决问题”的正常思路中。这时，我们继续言语沟通，即向他确认我们说出来的需求，是否是他的真实需求。有的孩子可能会点点头，肯定我们猜对了；有的孩子会摇头，期待我们继续猜下去，或者主动说出来。当我们明确了孩子的需求和他的感受，这本身就会让他们觉得自己被理解了，不再孤立也不再是和我们相对立的一方，从而化解掉权力之争。

我家常常用肯定的句式来表达对孩子的接纳和肯定：“是的，你可以想要”“没错，我知道你很想吃糖”等，都会让孩子放下防备，不至于让情绪进一步恶化。

第二步：沟通和重申规则（communicate and repeat the rule）

我们可以用坚定而平静的语气，跟孩子沟通规则，例如“我们说好了一天就吃一次糖，今天已经吃过了，所以不能再吃了”。但如果孩子的性格比较敏感，那么这样的对话也会让他重新陷入之前的情绪漩涡中，因此我们可以尝试采用提问的方式，让孩子自己说出规则，比如“我们说好了一天就吃一次糖，你今天吃过糖了吗？”2 岁以下的孩子通常会点头称是，但 2 岁以上的孩子可能会为了吃糖而故意“撒谎”，坚称自己今天没吃过。那时候父母要做的不是生气，在这一阶段出现这种现象是非常正常的，但我们需要及时纠正他们的说法，比如指出他今天吃糖时候的具体细节，然后引导他“我们得说正确的话，发生就是发生了，没发生就是没发生，这样才有的谈——否则，你要是说了不正确的话，我是坚决不会给你吃糖的。”

如果孩子对规则表现出质疑，例如他为了吃糖而说“我们说好了一天能吃两次糖”，以这样的方式篡改规则，那么我们也可以通过篡改规则来让孩子意识到这样做的后果，比如告诉他：“好的，如果你可以突然改变规则，我也可以；如果你今天要吃两次糖，那么我的新规则就是这周都不能再吃糖。”以这种方式让孩子理解规则是需要被尊重的，而不能擅自改动。

在跟孩子交流的时候，需要用尽可能简单且孩子能够明白的方式去陈述。千万不要婆婆妈妈地说一大堆话，去解释规则为什么是这样，恶果是什么，这样反而会让孩子的注意力不集中，开始有了各种小动作。沟通的时候，我们需要随时留意孩子的状态，当他和你目光直视时，说明他在全神贯注地听；相反，当他出现越来越多的小动作时，说明我们需要调整自己此刻的沟通方式——而不是要求他立刻站直、抬头，继续听这些唠叨。

第三步，达成积极的结果（Target a positive choice）

现在我们终于将目光转回引起孩子问题行为的导火索了。在这一步我们需要去分析，为什么孩子会遇到这样的情况，他行为背后的诉求到底是什么。如果他想吃糖，是因为饿了还是想吃零食？或者他看到其他小朋友拿着棒棒糖从身边一边吃一边开心地经过，从而也想吃？还是他看到成人违反了规则，比如爸爸明明说好不玩游戏却又偷偷地玩，自己也就想尝试破坏规则？只有将这些问题了解清楚了，我们才能更好地知道孩子的需求，以及如何以巧妙的方式来满足孩子的需求。

回到吃糖这个话题上来，我们家有一个糖果盒子，我们约好了，平时将所有的糖果都放入这个盒子中，但是每周末的下午，会选一天，给孩子20分钟的时间尽情地从这个盒子里吃糖，吃完糖立刻去刷牙。

注意，家长不但要告诉孩子不要这么做，同时也要告诉孩子应该怎么去做，因为对于小一点的孩子来说，当你在动词前面加上一个否定词，他往往会忽略掉前面的否定词，而只抓住后面的动词。比如，你在公共场合跟孩子说"不要跑了"，但是他只会抓到位于后面的"跑了"这一关键词，于是跑得更开心了。这也是为什么否定式的命令对于孩子来说效果总是不太好，还会让孩子喜欢跟你对着干的原因。对于3岁以下的孩子来说，一次性记住4~6个随机的数字都有困难，让他们一次性记住一个长句子，也是很困难的。

自由和规则总是相对的，当我们在一方面用规则去约束孩子的时候，在另外一些无关紧要的方面可以适当放松，给他一些自由。比如我们带孩子出去玩，需要在车流密集的街边紧紧握住孩子的手，但是到了野外人少的地方，在平缓的坡上，就可以松开小手，让孩子自由奔跑。

如果沟通（ACT）三步法不起作用怎么办？

沟通三步法不起作用大多是因为两点：一是孩子又回到情绪卡壳的崩溃点，二是难以达成积极的解决方案。

坦白说，如果我们只想让孩子"乖乖听话"，施展威压，不论是打骂还是冷处理甚至冷暴力，都是短期有效的。但这种专制型养育的结果就会切断孩子和父母之间的情感联结。当父母对孩子有高要求，但却对他们的情绪和需求低回应时，孩子也许会成为很优秀的人，但未来也容易和家人关系淡漠。打骂也好、把孩子当小动物一样训练也好，通常在孩子小的时候很管用，但其长期效果却很难讲。有的孩子会治愈自己的童年，但有的孩子就很难迈过这道心里的槛，并重复对下一代进行打骂和冷暴力的行为。

如果孩子又回到了情绪卡壳的崩溃点，我们可以用上一节提到的“呼吸游戏”等方式，像蝴蝶挥动翅膀，或者风中摇晃的大树一样，边舞动自己的手臂边配合深呼吸等，让孩子冷静下来。孩子的肺活量有限，呼吸很浅，难以像成人一样深呼吸放松，所以这类具象化的冷静方式会更有效。其他冷静方式，比如将孩子带去他喜爱的空间做“积极暂停”、让孩子将自己的思绪从混乱变得有序的“情绪罐子”都能帮助孩子很好地平静下来，再继续沟通规则、达成积极的解决方案。

如果暂时无法达成解决方案又怎么办呢？沟通，是一门关于妥协的艺术。我们也可以反思一下自己拒绝孩子的要求，最关键的点在哪里：如果是担心孩子吃糖坏了牙齿，那么可以要求他立刻去刷牙；如果觉得是孩子在挑战我们的权威，那么可以告诉孩子过度吃糖的危害，例如给他看龋齿的图片等，让他重新认识制定这项规则的原因；如果是不想花钱买糖、而家里有糖，可以跟孩子沟通一回家立刻吃糖的方案等。

有时候时间紧急，来不及解释，我们要做的第一件事就是将孩子抱离刺激物存在的现场。这一措施尤其适合在公共场合哭闹的孩子。孩子一在众人面前，就特别容易哭闹，而父母总是抹不开面子，或者担心自己下不了台，而屈服于孩子的哭声。这时，将孩子抱到人少的安静角落是一个好办法，远离了刺激物，孩子的大脑就不容易在情绪崩溃点卡住。

孩子对规则提出质疑，那么我们可以留在下一次家庭会议上重新探讨规则。这也会让孩子学会尊重现有的规则，并在随后的时间中再来对规则进行探讨和修改。

积极关注

积极关注是通过对孩子微笑、进行眼神交流露出关心的表情、温柔地照顾孩子的生活起居、用言语鼓励孩子并庆祝他的良好行为，以及表现出对孩子及其活动、成就的兴趣。

从出生开始，孩子就需要在社交关系中，通过别人的认可来证明自己是有价值的、有能力的个体，并且能为他人带来快乐。随着时间的推移，孩子会通过成人对自己的反馈建立起自我形象。健康的自我形象非常重要，不仅有助于孩子未来的社交关系，还能构筑起自尊，并让他对自己身处的世界充满信心。

在 0~3 岁期间，建立孩子的安全感很重要，它将成为令孩子受益终身的财富。安全感的建立，来自照顾人，例如父母之间的互动和及时回应。当孩子受到惊吓，面对未知或陌生状况时，我们能安抚他们，令他们放心，就会让他们感到安全和有保障。

在这样支持、鼓励的环境中，孩子的表现往往更好。积极关注恰恰为孩子提供了这样的环境和陪伴。

对 0~1 岁的婴幼儿来说，从他们出生起，就开始关注父母和照顾人所说的话和做的事，以及我们具体是怎么做的。即便宝宝还不能理解和使用单词之前，也会对父母的语气、手势、面部表情和肢体语言做出反应。

在这一阶段，我们可以做这些事来给予宝宝积极关注，包括：哭泣时给予安慰；宝宝向我们微笑时，也回以微笑；以类似的声音回应宝宝所发出的声音；聊聊我们和宝宝身处的周围情况；注意宝宝的兴趣并鼓励他去探索等。

对 1~2 岁的幼儿来说，他们会更了解我们的语言和行为，这时我们给予的积极关注包括：准确地告诉孩子我们喜欢他们做的哪件事或者哪一点，例如“我喜欢你和我一起把积木收到箱子里”，并用积极的语气来称赞他们的行为；抽时间和孩子一对一待在一起，虽然看似简单，却能给他们 100% 的关注；和孩子聊天时，为他们留够回答的时间，这会鼓励他们表达自己的想法，也让他们感到自己被真的聆听和尊重了。

对 2~3 岁的孩子来说，我们能给予的积极关注包括：抽出时间与孩子一起做孩子最喜欢的活动，例如拼图、积木、绘画、运动等；提供大量我们希望、鼓励孩子重复出现的行为的反馈，例如，“感谢你把筷子带到厨房，这让妈妈节省了不少饭后整理的时间”或者“今天你居然自己独立刷牙，真是太棒了”；早上与孩子打招呼时，花时间微笑并与您的孩子进行目光交流或拥抱。

需要注意的是，我们必须实事求是地给予孩子积极关注。也就是说，他们真的做得好了，我们才关注他们的良好行为，而不是他们还没做好，就急于去夸奖——这会让他们觉得自己受之有愧，下次还可以糊弄过去。

孩子在行为后发生的任何关注，无论是积极关注还是消极关注，都可能增加再次发生该行为的机会。因此，我们需要发现孩子真正做得好的事，并且予以积极关注。1~3 岁的幼儿正在探索各种边界，尝试新的东西。如果我们严厉地禁止某事，他们可能会出于试探，有意识地再次这样做。

这时如果我们以大声呼吁的“不行”等方式来给予孩子负面关注，可能会强化这样的行为。比如 2 岁的孩子偶然蹦出一句脏话，负面不必过度反应，只需要忽略掉他这句话，转向更好的表达即可。

如果你觉得很难夸孩子，那么不妨从每天 10~15 分钟的亲子陪伴开始。在这一时间段内，我们要关闭电视，静音手机，一对一地陪伴孩子，向他展示出全神贯注的陪伴。

陪玩时，不要问太多问题，这会让孩子的注意力被打扰，且将事件的中心变为我们自己。例如一直询问“这是什么颜色”之类的问题，可能让孩子觉得自己需要表现；一直询问“今天学校怎么样”之类的问题，可能会让孩子不愿意回答。那么，在陪玩时，我们如何开启积极关注呢？不妨尝试去描述和评价孩子的行为，就像体育比赛的解说一样，对孩子说：“你拼了一个动物园，这里有大象，还把长颈鹿放在了树下”，这样的关注会让我们更容易地踏入孩子的世界。

注意不要时刻纠正孩子的想象，对 0~3 岁的孩子来说，有时候他们想象的大象就是黄色的，或者他们认为苹果能长出翅膀——不必和他们争论，他们这是在自己无所不能的想象世界里游玩呢。这时候我们可以说“哇，黄色的大象，应该是一头很帅气的大象”这样的评论。

当我们每天都能抽出一对一的 10~15 分钟时间，建立亲子陪伴时，孩子将很期待能与我们共度这样的时光。当他们的注意力罐子被我们用积极关注和亲子陪伴装满时，就不容易和我们对着干或者争夺权力；相反，他们会变得温和并充满自信，也更愿意遵守规则和听话。

第五章

亲子沟通实战篇

有时父母对于孩子种种“不可理喻”的行为一筹莫展，其实只是因为没有找到正确的应对方式。下面，我会列出宝宝日常最令父母亲困扰的种种行为，并给出具体的应对措施。有爱、有耐心，有好的应对方式，当好家长，也没那么难的。

哭闹 

1 岁以前，孩子的哭闹通常是为了表达自己的需求，各位爸妈可以对照下表逐一检查。

生理原因：饥饿或者口渴、疲倦、胀气、肠痉挛、吐奶、出牙期疼痛、身体疼痛、疾病或重大发育变化等。

心理原因：不想做某件事、试图获得父母的安抚、不知所措、感觉无聊等。

环境原因：过度刺激、太热或者太冷、爸妈争吵等家庭问题等。

我们还可以结合宝宝当时的身体动作来判断，例如：

饥饿的表现：砸吧嘴、啃手、皱眉、往嘴里放东西、哭喊。

疲倦的表现：揉眼睛、烦躁、握拳、打哈欠、哭喊（扯耳朵也可能是疲倦了，但一直扯和拍打耳朵可能是宝宝有耳部感染）。

过度刺激的表现：转过脸去、哭喊或急躁、眼神呆滞、抓手或身体用以安抚自己、眼神呆滞、脚蹬手摇、表情痛苦、打嗝（小萌经常笑得太开心也会打嗝）、伸舌头。

1~3 岁期间，孩子的哭闹可能是表达需求，但也可能是以此作为工具，需要父母予以区分。我们的目标是改掉孩子将哭闹作为手段来达到目的的行为，而不是拒绝孩子的情绪表达。

实际上，孩子从受挫到发脾气，通常有一个过程。一开始可能是一些生理反应，例如皱眉、小脸憋得通红、握紧拳头等，如果不加以及时处理，就可能导致下一步发脾气。

这时候，家长可以及时带离现场，让孩子远离让他生气的刺激物；然后蹲下来平视孩子，如果孩子允许，可以给予一些肢体接触，例如搂抱、拥抱、牵手等；接下来帮助孩子说出内心的想法，不是否定，而是单纯地说出来，例如“你是不是很想吃草莓”——通常，仅仅是说出他们的想法，让他们感到自己被理解了，就会立刻缓和他们的紧张和焦虑。

当孩子已经开始撒泼打滚时，记住“此时一定不能答应他的要求”，否则他可能会将其作为利用和控制大人满足其愿望的手段，继续使用。反复告诉孩子：“只要哭闹时提出的要求，妈妈一定不答应，等你平静下来了，我们再慢慢谈。”

首先，如果有可能，且他不伤害自己或者别人时，让孩子先发泄完；如果他做出伤害自己的事，要上去紧紧抱住他，允许他发泄，但是不能让他伤害自己，直到他平静下来为止。

其次，帮助孩子说出内心的具体感受，告诉孩子他正在经历怎样的情绪，并认同他的情绪，还要教孩子用语言表达自己的情绪。这是培养孩子情绪控制的好时机。

最后，关键还是寻找“两全其美”的解决方法；或者等孩子冷静下来以后，告诉孩子，也许只能接受，但可以选择一个替代方案。

与此同时，父母还需要建立科学合理的教养方式。

坚守原则，保持教育的一致性。父母在教养孩子的过程中，要有一些必须坚守的原则。比如和孩子商量好每次去超市买东西可以买几件或者多少钱以内的玩具。要让孩子明白，规则是需要去坚持的，无论怎么乱发脾气也不能得逞，原则是不可以挑战的。家庭内所有成员之间要保持教育的一致性，如果爸爸妈妈坚守的一些原则，到了爷爷奶奶那里又失效了，孩子当然不愿意遵守规则。此外，父母的态度前后也要保持一致，不能因为心情好就放松，心情不好就对孩子的要求不去理会。对于孩子不断升级的乱发脾气行为，父母一定要坚持住，在保障孩子安全的前提下，一定不要随意满足孩子的要求。要让幼儿体会到，乱发脾气不仅不会得到好的结果，还会给自己带来很多的麻烦。

耐心、坚持，帮助孩子面对自己的感受。帮助孩子改掉哭闹和乱发脾气的习惯需要一定时间，父母需要有耐心，这也是帮助孩子的最基本条件之一。哭闹确实是孩子达到目的的途径，但同时也是宣泄负面情绪的途径。要求得不到满足，自然就会有不好的感受，不仅孩子，父母同样如此。因此，我们要接纳孩子的负面感受。当父母在鼓励孩子用语言去表达的同时，要认真倾听孩子的叙说。用类似“嗯，我知道了”的简单回应，对他们所说的话和情绪表示理解，也可以试着说出他们的感受：“你是因为想要一件新的玩具，可是你不知道怎么说，所以你才发脾气的，对吗？”让孩子明白他有这样的感受是很自然的，父母是理解的，但是要通过合适的方式来表达，而不是乱发脾气。

良性示范。父母的一举一动都是孩子模仿的对象，父母之间、父母与孩子之间，也要多好好说，少发脾气。要求孩子做到不乱发脾气，父母自己要先做到，好的示范作用比多少说理都要有用。

充分、合理地关注孩子需求。父母可以通过适当地给予回应和鼓励来表示关注，比如可以直接告诉孩子：“妈妈/爸爸现在有个重要的电话要打，打完了再陪你。”这样，孩子就不会因为感觉得不到关注而乱发脾气。当然，父母也可以提前告诉孩子将要发生的事，让孩子有心理准备。对于孩子的一些不合理的要求，父母还可以试着采用“假装游戏”的方式，理解孩子的需求，与孩子一起充分、大胆发挥想象力，假装已经吃了、玩了等，让孩子得到应有的关注和心理安慰的同时，避免他们的哭闹行为。

40 元一斤的草莓，该不该买给孩子？

这个问题非常典型，如何合理把握满足孩子需求的度，令很多父母感到纠结。

对于 3 岁以下的孩子来说，还没有“钱”和“买”的概念。于他而言，想吃到草莓的最直接路径，就是搞定成人，让成人去买。为了搞定成人，他可以采取请求、央求、哭闹甚至撒泼打滚等方式，我们应该如何做呢?

关键还是具体情况具体讨论。

第一种情况：坚决不买。

可能是经济水平完全达不到，例如孩子让绝大多数每月勉力供房贷、车贷、孩子的教育、老人的医疗的家长们，立刻在美国买一套联排别墅，然后全家移民过去，显然会被我们坚决拒绝。如果孩子要买的东西显然超过了家庭的消费能力，父母可以坦率地告诉孩子为什么这个要求我们现在无法实现；如果将其作为目标，我们需要付出怎样的成本，再将它分解为一步一步的小目标，然后努力去实现。

第二种情况：可以商量，但有条件。

买草莓就属于此种情况，不是经济水平不够，只是有点舍不得。那么，家长可以跟孩子商量，如果他这一整个星期都能够表现得好，例如好好吃饭不挑食，好好睡觉不拖延，好好学习别走神等，如果这三项做得好，每天都可以获得一颗小星星，一个星期后如果能总计获得15颗小星星，那么就可以购买一斤草莓。这样这个问题就变成了花40元，获得孩子一周的持续好表现，父母也许就会考虑购买了。我家的口头禅之一就是不怕孩子有想要的，就怕孩子没有想要的。因为一旦孩子有想要的东西，就有了欲望和动力，家长就可以诱之以利，让孩子自觉地规范自己的行为。

同时，我们还可以借机教给孩子一些市场经济的基本运行规律。比如，如果爸爸妈妈要买草莓，会花40块钱。这些钱是爸爸妈妈努力工作和做事换来的，所以可以自由支配。如果孩子你也想买草莓，那你也需要付出工作和努力，咱们可以约定好，让孩子承担一周的简单家务，以自己的劳动换来40块钱，这些钱可以用来买草莓，也可以用来买别的想要的物品等。

第三种情况：买！

这点就不赘言了，因为没矛盾呀！作为孩子的监护人在很多日常食品或者家长认为值得买的东西上，肯定是毫不犹豫地买。

有一点需要引起重视，那就是孩子通过哭闹这种极端的行为方式来表达自己的诉求。基本的处理原则是，只要孩子在哭闹时，一定不要满足他的要求，因为这样会强化他通过哭闹来获取自己想要的东西的不良行为。

如果孩子不抵触拥抱，我们可以抱着他；如果他很抵触，我们可以将他带到人少的角落，告诉他我们在，并且带他一起通过之前提到的、日常总玩的情绪控制游戏冷静下来，然后再商量出双方都同意的解决方案。

撒谎 

在很多人看来，尽管成人的世界里“善意的谎言”是可以理解的，但在孩子的世界里，“说谎”却是不折不扣的坏行为。不过，在给孩子扣上“说谎”“小骗子”等帽子之前，不妨和我一起来看看孩子说谎行为背后的成因——正如我多次强调的一样，只有解决了根本问题，才能解决浮现在各位眼前的问题。

心理学家皮亚杰（Jean Piaget）是这样看待儿童的说谎行为的：2~5岁是“前道德阶段”，这一阶段孩子说谎行为只是其思维发展的一种表现，是一种无意识的行为，不能算是道德问题；6~7岁是“他律道德阶段”，这一阶段孩子说谎行为是一种自然倾向，下意识地按照自己的欲望和想象来歪曲客观现实——简言之，即孩子还不能客观地认识现实世界，因此语言的描述难免出现偏差；8~12岁是“自律/合作道德阶段”，这一阶段孩子说谎行为则可能是有意蓄谋，由不良动机所驱使的。

由此可见，皮亚杰认为1~6岁的孩子基本并非故意撒谎的——只是他们说出的话与事实不一致而已。撒谎其实是人类认知能力发展的一种体现：孩子需要首先了解别人在想什么（心理理论）、编造与真实信息所不同的内容并表达出来——这些都是孩子要到3~4岁左右才会发展出的认知能力。

在实验中，皮亚杰发现 2 岁左右的幼儿就表现出说谎行为了；而根据我自己的经验，小萌从 1 岁半开始就会出现所谓的说谎行为，例如：如厕训练时说自己没有小便，转身便在地板上尿了；突然摸着肚子说“肚疼”，一定要贴暖宝宝，然而却什么病都没有；问他是不是要喝牛奶，说“不喝”，转眼又说“喝”，递到嘴边又说“不喝”，如此循环往复，等等。

小萌是在说谎吗？没错，他说的和事实完全不一致，哪怕在最初的教育和沟通之后，这种行为还是会再次发生。但是，应该就此惩罚他吗？在我看来，这是完全没有必要的，因此这些说谎行为的背后并非刻意隐瞒，只是他还不能客观地认识和表达。

例如如厕训练的时候，我们最初的问题是“你现在有小便吗”？对小萌来说，他还不能理解“有”的概念——看到的、感觉到的才是“有”，没有看到的、感觉到的就是“没有”。所以他往往也在举着杯子喝水的时候说“没有水”，但事实只是水太浅，他喝不到而已。当我们帮助他把杯子倾斜得更厉害，从而能喝到水以后，他立刻就会改口说“有水，有水！”所以，当我们问他是否“有”小便的时候，他还没有尿出来，于是认为自己“没有小便”——而等他尿了，他就会告诉我们说“有，有小便！”于是，我们把问题换成了“你现在想要小便吗？”效果显然就好了很多。

例如他说自己“肚疼”，要贴暖宝宝——其实只是他想贴暖宝宝而已！前一天晚上我胃疼，于是贴了暖宝宝；当他模仿我的行为，也想贴暖宝宝时，我们的解释是“只有肚子疼，才可以贴暖宝宝”；为了贴暖宝宝，小萌就一直说自己“肚疼”。这种行为其实更为普遍，即孩子为了获取某些利益，进而产生了说谎行为——家长需要分辨孩子行为背后的真实动机，而非暴力训斥。当时我们给他讲了“狼来了”的故事，告诉他肚子要真的很疼的时候才能贴暖宝宝，而不疼的时候我们可以贴贴纸（给予替代品），之后他也心满意足于贴在肚子上的贴纸了。

例如他反复说“喝”或者“不喝”牛奶，是因为他把这种指令当作是游戏，因为只要他一说话，爸妈就会做出相应的动作，简直就和玩具的开关一样，多好玩啊！他玩得开心，却给父母增加了辨别他真实需求的困难。对此，我们会先约定好“如果喝，就一定喝下去；要是说不喝，就真的没有了！”之后一旦他说过“不喝”，就在一定时间内（例如 5 分钟）再也不给他喝牛奶，不管他如何吼着“喝，要喝”。

只有找到孩子撒谎背后的真实动机，才能更好地与孩子沟通，建立起你们彼此信任的关系；然而，现实中更多孩子的撒谎行为是由于父母的责罚所导致的。

罗素（Bertrand Russell）认为孩子撒谎来自于他们对成人的恐惧心理，并要求父母切勿以惩罚威胁孩子。毕竟惩罚只会强化孩子的说谎动机，而且这种惩罚往往是不能实现的。例如愤怒的父母可能说出“再说谎就把你腿打断”“把你嘴巴缝起来”“再也不要你了”之类的过激话语。而这些话语不能实现时，就成了父母的谎言——教育孩子不要说谎的父母自己居然说谎，这会让父母在孩子眼中的威信丧失殆尽。

我们小时候也可能因一些“不良爱好”（例如玩游戏、看动漫）被训斥以后，会对家里谎称自己是在做其他事情，其根本原因是害怕并且逃避父母的责罚。所以在养育小萌的时候，有时候尽管他做了错事（例如把食物抛到地上、摔碎了瓷碗等），我们也并非第一时间就责罚他，而是问他：“这是谁做的？”

“小萌。”他会指着自己说。

“浪费了这个，我们就会少吃几个香甜的草莓了！”听到这里，天性爱美食的小萌就会逐渐停止这种行为。

其实相较于孩子的“撒谎行为”，更为严重的是家长随意的“贴标签”行为。有次小萌回老家的时候，捡起掉在地上的食物就往嘴里放，而老人脱口而出“吃地上东西的孩子，不是好孩子”把我和萌爸都惊呆了。我们立刻纠正了老人的表达，告诉小萌“地上有很多细菌，东西掉地上也会沾满细菌，如果直接吃，就容易肚子疼，到时候就吃不了好吃的了”。之后我们询问老人，为什么说小萌“不是好孩子”，老人说“这样他就会听话了”，但是也承认“不想他吃地上掉的东西，因为怕不干净”。如果确实担心孩子吃了地上的东西不干净，那么我们就事论事、对事不对人地告诉孩子就好了。

相反，随意贴标签的行为不但可能伤害孩子的自尊，削减孩子对你的信任，还可能导致孩子“破罐子破摔”，做出更出格的事来。这一要求对于不擅表达或者不愿思考的家长来说确实很难，有时候他们只会用简单的“好孩子”“坏孩子”来表扬或者批评孩子，只会用“不行”“行”来对自己的要求进行粗暴的坚持或者放弃，只会用“听话”“不听话”来判断孩子是不是好孩子——这种极端的“二元论”教育方法迟早会失效，并且加深孩子和你之间的隔阂。

当然，有时候孩子撒谎还归因于家长的错误“引导”。

有一个 2 岁半的女孩，在家偷偷拿樱桃吃。等妈妈出门看见樱桃少了一大半时，就问自己女儿：“盆里的樱桃怎么少了？”

女儿不说话。

“是不是爸爸拿来吃了？”

“是。”

“你看到爸爸拿樱桃吃了？”

“看到了。”

一开始小女孩是沉默的，然而在妈妈刻意的引导之下，她顺水推舟地说了谎。

很多父母会对孩子的行为有先入为主的判断，对孩子提问前心里已经有了预设的答案，并会不自觉地将孩子的话语往自己预设的前提去引导。在孩子年幼的时候，和他们的交流并非只通过语言来进行的，更多需要依靠父母自己去看、去听、去思考、去辨别，才能寻找到孩子行为背后的动机或诱因，并从根本上解决这些问题。

打人 

经常有人说，刚满 1 岁的孩子，常常在人多的时候见了人就打，不管是陌生人，还是最亲的爸爸、妈妈、爷爷、奶奶。这一阶段的幼儿不太会说话、难以沟通，怎么跟他说他都不听，也不知道他是开心才打人还是生气才打人，该怎么办才好呢?

这种情况并非个案。为什么很多孩子刚满 1 岁，就显现出各种不良行为的端倪呢?

孩子打人、抓脸、扔东西等反常行为，其实意味着孩子的不同需求。只不过很多人都觉得“不太会说话、难以沟通”，一看到孩子动手打人，第一时间就给孩子定性：“你怎么乱打人呀？”然后给予斥责和惩罚。

实际上，对于 0~3 岁孩子来说，打人、抓脸、扔东西的行为，并不一定都是攻击性行为——这些反常的行为背后，往往反映出孩子在不同年龄阶段所发展出来的新需求。

满足生理需求

对 0~1 岁的孩子来说，绝大多数看似攻击性行为的背后，是为了满足自己的生理需求，例如：咬人、咬东西可能只是为了缓解牙龈出牙时的疼痛；抢东西可能只是因为饿了，希望获得食物；推人可能只是因为感觉被挤到了，希望获得足够的空间；打人可能只是发泄对于看护人无法满足自己需求的不满。

这个阶段的孩子还没有实质的“攻击性行为”，这些令人恼火的打人、抓脸、乱叫等行为也并非为了给他人造成伤害，而是作为满足自己正常的生理需求的一种手段。满地跑和各种运动，也是孩子对于自己旺盛精力进行消耗的一种方式，这也是孩子所需的一种需求。

观察和探索

孩子的动作发展是有里程碑的，比如我们经常说的“三翻六坐、七坐八爬”，都是不同月龄的孩子正常发育时所必经的过程。到孩子 1 岁左右，精细动作和粗大运动技能都进入了一个新的阶段，孩子的自我意识也开始逐渐形成，他会有意识地利用自己的身体动作，去观察和探索周围的一切，例如：

把东西扔得满地都是，观察它们落地的样子；

将桌面上的食物都拍扁，观察拍扁后的状态；

什么都放入嘴里咬一口，探索不同的入口感觉；

抓头发、抓脸、抓手、抓衣服，观察被抓人的不同反应；

敲东西，探索不同东西所发出的不同声音。

实际上，6~10 个月的婴儿就已经能根据不同对象的属性采取不同的方式进行探索了。进入 1 岁以后，绝大多数孩子的动作行为，其出发点是为了观察和探索周围的世界。研究发现，在面对不熟悉的物体表面时，有的宝宝会主动用手触碰或拍打其表面，并不是为了制造噪音，只是想动手试试看，这些物体表面是不是适合运动和玩耍。

练习新的技能

0~3 岁的孩子非常喜欢重复，因为重复正是他们学习的重要途径之一。研究人员让两个刚会走路的双胞胎，一个每天练习 15 分钟，一个不加练习。10 天的练习后，他们发现，每天训练的婴儿明显走得更稳。很多时候，孩子的重复是为了不断地学习，尽管其中一些行为是令成人感到不舒服的。

例如 1 岁的孩子获得了平衡能力后，会逐渐开始包括横步走、后退走、绕圈走、单脚走、脚尖走等自发运动。这些运动是孩子在没有明确指导和外在动作模型的条件下出现的，是孩子实现动作发展的基本途径之一。

例如孩子可能喜欢不停地敲打东西：在家里敲打能见到的一切事物，从安全的泡沫塑料到玩具，到不安全的瓷器和玻璃器皿，甚至是令人耳膜难受的不锈钢制品等。实际上，这只是孩子在不断练习用手握住工具后进行“敲打”的技能。

引起家长注意

如果说绝大多数孩子的哭闹是因为没有达成愿望的沮丧和发泄，那么绝大多数孩子的尖叫则是为了引起家长的注意——尤其是总在看手机的家长。

我不是一个对电子产品极其保守的人，实际上，我自己陪着小萌的时候也会时不时看看手机；但是，这是在确保孩子安全、及时回应孩子的前提下进行的。但对很多人来说，一旦摸到手机，就难以做到及时回应。智能设备让我们把工作搬回了家里、把社交搬回了家里，却搁置原本应该在家里做的事：好好吃一顿饭、用心陪伴孩子、认真地互相倾听和交流。

当孩子叫“爸爸”“妈妈”没有回应，当孩子走过来摸摸你没有回应，当孩子指着自己想要的物品看着你没有回应，当孩子急得哼哼叫你没有回应……但是当他们一尖叫时，你却会突然把目光从智能设备上移到他们身上时，聪明的孩子立刻明白了：尖叫是有效的，它能让爸爸妈妈注意到我。他们越来越多地尖叫、哭闹、撒泼打滚只是为了引起你的注意。如果无法及时注意并回应孩子的需求，也无法与之商量出一个合适的解决方案，不管你如何打、骂、教育，孩子仍然会选择唯一有效的吸引你注意的办法：尖叫。

自我意识的发展

我们总是听到“糟糕的 2 岁”（Terrible Two）的说法：2 岁是孩子第一个“叛逆期”，在这个阶段，他们有了自己相对独立的意识，开始尝试着探索和试探大人的边界，会让爸妈感慨：“当初那个乖宝宝去哪儿了？”

其实，孩子自我意识的形成从 1 岁就开始了。即使你强调了水很烫不能摸，他们依然对“烫”没有概念——直到他们反复被烫几次；即使你强调了不能乱扔东西，他们还是会把东西扔得满地都是——并借此观察扔东西的后果和你的反应。有趣的是，孩子心里非常清楚自己所做的事是不被允许的；但他们仍然会挑战你的权威，观察你的反应。

在小萌 1 岁 3 个月时，我们明确告诉过他不能扔东西；每次他想故意扔东西时，都会悄悄把手里的东西拎到桌板边缘，然后眼睛注视着我，期待我的反应——如果我及时发现并制止了，他就会消停一阵；但如果我没有看见，他就已经扔下去了，那么我的任何反应（皱眉、生气、教育他）都会让他哈哈大笑。

发展的正常阶段

孩子这些反常或令人不舒服的行为，其实只是说明他们进入了新的发展阶段：只要克服了这些小问题，很快你就将看到一个飞速发展的宝宝。

很多现代的心理学研究者都开始认同，孩子的动作发展和认知发展之间存在密切的关系。皮亚杰认为，儿童早期的吮吸、伸手够东西等动作就是为认知发展服务的。他提出，婴儿在主动抓取身边的玩具并成功后，就积累了感性经验，获得了对玩具的整体知觉；而这些知觉有助于他们在下次抓取玩具时，更有目的性，从而更加熟练和精确。国内研究者也发现，孩子对于空间认知能力更多地受到其爬行经验的影响，而与我们通常认为的年龄无关。

孩子的动作发展和认知发展是互相促进的。一方面，伴随着动作学习水平的提高，孩子在物体、空间、时间、自我以及自我与客体间的关系、因果关系等方面的认知水平也逐渐发展起来。另一方面，孩子通过主动地探索环境、寻求环境的刺激促进自身认知的发展，并且不断地整合借助于爬行、抓握、行走、触摸、 观察、聆听等途径获得的经验，协调动作、增强动作的目的性与适应性，促进自身的动作发展。

在孩子出现这些令人不舒服的“反常行为”时，爸爸妈妈不必过度紧张或者立刻给予上纲上线的定性，而要从内心中接受这是孩子成长中必经的一个阶段，再想办法引导。实际上，相较那些乖乖待一天的小宝贝，看起来调皮捣蛋的宝宝往往拥有更强的探索欲望，这种强大的内在驱动力会促进他们积极去获得自己想要的东西，并促进其动作的发展。那些看似不听话的“小刺头”往往有更为坚定的自我意志，这种品质是有助于他们在未来面临挑战和选择的。

攻击性行为

排除了以上因素，我们再来看看孩子打人的攻击性行为。

尽管孩子在爸妈眼中（尤其是妈妈眼中）永远都是纯洁无瑕的天使（以至于很多妈妈每天在朋友圈连发九张别人看不出区别的孩子照片），但不能对孩子一切反常行为都采取宽松、妥协的态度。研究表明，孩子最早从1岁开始，就可能显现出攻击性行为；如果包括无意识的侵犯行为，这一年龄可追溯至更早时。

学界对何谓“攻击性行为”有诸多解读，但无一例外地将“有意伤害”作为其根本特征。对攻击性行为的分类也是众说纷纭，为方便各位爸妈理解，我们来选择相对浅显易懂的分类，包括：

身体攻击：直接以身体动作实施的攻击行为，如打、踢、撞、推以及抢夺、毁坏物品等；

言语攻击：通过语言方式所实施的攻击行为，如骂人、说脏话、取外号等；

间接攻击：通过第三方实施的攻击，包括社会排斥、造谣离间等（通常是比较隐形的攻击行为）。

孩子从2岁开始，身体的攻击行为容易由多变少，言语攻击由少变多，并且男孩会更多地参与到冲突事件中。进入小学阶段，孩子的攻击行为会逐渐减少，但少数孩子的攻击行为会越来越明显，并发生于特定的成对关系之中，越来越具有以人定向和敌意的性质。这些攻击性行为可能与大脑发育的生理因素、化学物质失衡等营养因素有关，例如，有研究者指出糖摄入过多与攻击性行为有关；还与父母使用暴力或教养中存在矛盾等教育因素、挫折和受排挤有关，例如媒体中的暴力内容等社会因素会对孩子产生不良示范作用。

实际上，攻击性行为也可能是疏导受压抑心理的一种途径。这种行为有其积极的一面，因为就算是成人，可能也会选择打拳等方式来发泄；但由于攻击性行为存在故意伤害的特点，因此需要从其受压抑的心理出发，对症下药地予以疏导。爸爸妈妈可以尝试让孩子明白“打人、骂人并不能解决根本的问题”，并引导他们了解和实施其他良性的解决方案和发泄途径。

现在，让我们一起来看看具体的处理办法。

满足合理需求

既然孩子的这些反常行为，是来自身心发展的合理需求，那么我们需要去了解并满足合理的需求。例如孩子可能喜欢尖叫。如果孩子的尖叫是为了引起家长的注意，那么家长就要在孩子还没有尖叫时注意观察并回应他的需求。

小萌也有过几段尖叫期。

第一段尖叫期发生在他 6 个月时，一有事就超高音地尖叫。这时，我们离他最近的人会把他抱到门外，告诉他，在门外尖叫是可以的，但是在别的地方就不能尖叫。半个月时间，小萌的尖叫改过来了。

第二段尖叫期发生在小萌 11 个月时，一有求之不得的东西，他就会尖叫，以此来换取家中老人心软和许可。在离开老家回到北京后，我和萌爸达成了同盟，在小萌尖叫时，我们也开心地小声叫，让他意识到：尖叫只会让爸妈变得更开心。这次花了一个星期就纠正过来了。

第三段尖叫期发生在小萌 13 个月时，只要得不到自己想要的，就哭得快喘不过气来。这时，我们通常先抱住他，轻拍背部，安抚他的情绪；同时，我们会三番五次地告诉小萌："你需要告诉爸爸妈妈，你想要什么，爸爸妈妈才能给你。你尖叫是没有用的，因为即使尖叫了，爸爸妈妈也不清楚你想要什么。"在小萌表达需求以后，我们会和他商量出双方都满意的替代方案。例如"今天不能再喝酸奶啦，但是妈妈可以给你一颗草莓好吗？"，或者"妈妈知道你还不想睡觉对吧，所以现在妈妈让你睡觉你不开心。没关系，你哭吧。妈妈陪着你。一会儿妈妈给你讲你最喜欢的故事好吗？讲完以后咱们就睡觉，等睡醒了妈妈给你吃葡萄好吗？"，让他了解原来还能这样解决问题。这一阶段小萌已发展出自我意识，我们花了快三个月的时间才彻底根治了他尖叫的行为。

引导和限制

有一位妈妈，她家孩子特别喜欢用铁勺敲不锈钢制品，一直敲到幼儿园毕业。她觉得能容忍，而白天邻居大多不在家，也不会对其造成困扰。所以，白天，她允许孩子随便敲敲打打，但一到下班时分，就把勺子收起来。这是她家的两全其美方案；然而，如果喜静的家长，一定难以忍受，那么就需要寻找其他解决方案。例如：

可以规定在每天吃完早饭后，奖励性地允许孩子自由地敲上 5 分钟；

可以选择另一些打击乐器或玩具，让孩子去敲打和玩耍；

可以将铁勺换成硅胶勺子，减少敲击发出的噪音；

可以让孩子敲打布制品或纸制品，而不是敲打不锈钢制品等。

这些做法都是见仁见智的：重点是如何既满足孩子的需求，又不让家长感到难受。

小萌 1 岁左右非常喜欢乱扔东西，这时我会拿出一叠过期的卡片和一个盆子来，鼓励他将各种不同的卡片扔到盆子里去。这样既满足了他喜欢扔东西的需求，又将后果控制在可接受的范围之内。

这个游戏很快就有了升级版：萌爸会带着小萌往空箱子里扔球，从网球、乒乓球到小皮球。这让小萌意识到这些东西是可以扔的，而其他食物则是不可以扔的。

显然，没有任何解决办法可以一劳永逸。

小萌 1 岁 3 个月时，坐在自己的小餐桌上扔东西的情况，也时有反复。这时，我们总是及时地替换给他可以扔的东西；并且允许他将一部分不吃的食物（例如樱桃核等）扔到垃圾桶里。2 岁后，小萌已经学会了把各种垃圾扔到垃圾桶里，成为家里心细手巧的清道夫。

提醒和赏罚

有时孩子的行为是故意的，试图造成伤害的。此时可以采取提醒及赏罚并重的激励措施，来限制和规范孩子的行为。所谓“和善而坚定”，并不意味着一定要温柔、柔和地申明，和善指向的更多是“彼此尊重”——即使是严肃的语言，依然不违反这一原则。

例如小萌很爱吃各种东西，当然也就对充满食物的厨房很感兴趣。厨房里布满了各种危险的厨具，当然不能让他进入。所以在他第一次试图进入的时候，我们就会清楚地说明，并让他注意看厨房入口处不同图案的地砖。每一次，他只要乖乖待在厨房门口，我从厨房出来时都会给他一小块食物作为奖励；而当他进入厨房时，我都会在语言上重复“不能进厨房”的相关说明，并及时地将他抱出来。同时，这是我们全家所达成的共识，不能因为厨房里是爸爸或者别人，就可以进入。当他明白了不能随便进入厨房，之后带他就会轻松很多。

令爸爸妈妈很烦扰的 0~3 岁孩子打人、抓脸、扔东西、尖叫等行为，都曾在我家小萌身上出现过。

对小萌打人抓脸的行为，我们采取“一边不经意地躲开、一边选择无视”“立即用其他事物吸引孩子注意力”等办法，让孩子觉得这些行为很无趣：既不能吸引爸爸妈妈的注意力，也没有让他们出现有趣的反馈。有的家长会认为，孩子爱打人就随他去吧，等大了自然就明白事理了——这并不是爱，而是懒和不负责任：不去试图寻找孩子行为背后的需求和动机，而是忍受孩子的行为对他人造成的伤害或增加的负担。

还有的家长会认为，孩子还小，还不懂事，所以在公共场合尖叫和毁坏公物也没事——反正值不了几个钱嘛。实际上，孩子从 1 岁开始就明白自己行为的正确与否，他只是在试探大人的反应，挑战大人的权威。如果家长在原则问题上往后退，或者明明说了不允许却一不忍心就准了，那么就会在这些一点一滴的小事中，逐渐丧失孩子对自己的尊重和信任，也会让孩子难以从你身上得到安全感。

很多时候，别人以为你家生下来就是天使宝宝，却少有人看到你在养育孩子方面所做出的努力。对 0~3 岁的孩子来说，家庭几乎是他们最早的、最重要的、也是唯一的学校。

争执

当孩子开始社交生活时，难免会和其他孩子发生冲突。有的父母也许暗中希望自己的孩子能打回去，甚至得意于自家孩子是“欺负人”的“小霸王”。但这样的孩子其实很难受到同伴和老师的喜欢，也容易在社交活动中被孤立，长此以往，甚至会造成一些心理问题。

如果孩子之间发生冲突，父母该怎么做呢？

原则 1：让孩子们统一战线。

当孩子们在玩耍时发生了争执，绝大多数父母都会试图寻找错在于谁，并试图惩罚挑起祸端的孩子。但是，这种做法并不好。一方面，孩子们表达不够清晰，往往还各执一词，父母很难找出到底是谁挑起了祸端。有时候，可能是 A 先激怒了 B，导致 B 率先动手。这时，算是 A 的错，还是 B 的错呢？这就很难说清楚了。另一方面，当你责备或惩罚其中一个孩子时，实际上是教会了另一个孩子，如何让自己的朋友陷入麻烦，毕竟他们几秒之前可能还是能在一起好好玩的朋友。下一次，他可能会采取同样的办法，让朋友被惩罚。这是典型的“扮演受害者”。

更好的做法是让孩子们统一战线。例如父母可以告诉他们：“你们要想继续玩，就不能再这样打闹了，否则，你俩就各自到一边去玩。你俩自己商量，该怎么办。”

原则 2：提醒他们已有的规则，或设立新规则。

有时候孩子们发生冲突，可能是由于有人破坏了规则。例如有的孩子可能试图将玩具摔在地上，而另一个有规则感的孩子可能试图阻止他的行为，由此引发了争执。这时，父母需要提醒孩子遵循已有的规则。如果没有合适的规则去制止孩子的行为，例如他可能第一次将别人的零食抢走了，而你之前并没有提醒过他。这时，父母需要及时制定出新的规则，告诉他可以做什么，不可以做什么。

如果孩子再度违反规则，可以将规则再说一次，并让孩子自己来选择行为和相应的后果，例如："如果你再抢零食，我们就立刻回家。"

原则 3：帮助孩子们自己解决问题。

父母对孩子进行解决冲突进行调解，并不意味着要代替孩子解决矛盾，而是协助、调解，让孩子联系以往经验，尝试建构适宜恰当的处理方案。例如，当孩子争抢同一个玩具时，你可以对他们说："你俩是不是都想要这个玩具？那现在怎么办呢？"然后，你可以试着提出一个解决方案："如果你俩都想玩这个玩具，那么有一个办法是，你俩可以轮流玩。"他俩也许会赞同你的提议，或者都不肯接受。那么，你可以继续给他俩统一战线，并制定新的规则："既然你俩都不同意轮流玩，那你们自己想个办法吧。但你们不能再吵闹了，否则我就会把玩具拿走。"接下来，就让他俩自行解决问题。要记住的是，如果他们再度争抢玩具，提醒他们新的规则；如果继续违反规则，那就把玩具拿走，让他们知道违反规则的后果是什么。下一次，你再给他们机会去自己解决问题时，他们就会开动脑筋了。

有一次，当我家两娃小萌小乖因为争抢玩具发生冲突，小乖站在地上嗷嗷直哭，小萌则摆出一副剑拔弩张的攻击姿势时，我平静地对他们说：

“我不管你们谁先玩的，但如果你们继续争吵，就都别玩了，都去洗澡睡觉。”

一听要洗澡睡觉，4 岁的小萌和 2 岁的小乖立刻停了下来。小乖收住了眼泪，默默地转身去找别的玩具，而小萌则主动凑过去拉住小乖的手，把魔尺递到小乖手里，说道：“小乖，你先玩一下魔尺好不好，就玩 1 分钟，再给我玩。”小乖“嗯、嗯”地点头，于是我转身去厨房洗碗了。接下来，他俩一直相处融洽。

下一次，你也不妨试试。

胆小

孩子胆小，通常是因为恐惧。

通常人们认为，恐惧（或者说害怕，Fear）是一种消极的情绪反映，是个人安全受到威胁时所产生的心理。事实上，这种情绪是健康且必要的——这是人类对于某些可能危及生命安全、影响身体健康的异常刺激所产生的反应，能有效地保护人类免受伤害。

正因为如此，胆小、易害怕并非孩子所独具的心理特征，而广泛存在于各年龄段的人身上。尽管如此，我们还是觉得难以理解孩子的害怕——在我们看来，黑暗、玩具、小动物、想象中的怪兽有什么好怕的？为了更好地理解孩子的害怕，我们需要从三个经典的关于恐惧的心理学实验说起。

三个关于恐惧的经典实验

实验一：恐惧是先天就有的。

1966年，塞凯塔（Scakett）把8只刚出生的猴子单独隔离抚养了9个月，让它们在此期间观看两组幻灯片：一组是反映各个年龄猴子生活的，包含威胁、探究、游戏生活等内容；另一组则是非猴子的场景。播放时采用定时与不定时（即猴子自己接触杠杆放映）两种方式放映。结果发现，只有威胁猴子的内容会引起猴群的骚乱，其他内容则很难引发猴群的恐惧。

由此，部分心理学家认为，恐惧感是由遗传决定的，存在其生物学构造的基础。

实验二：恐惧是后天习得的。

这里我们又要提及前文中所说的约翰•华生和他可怜的实验对象小阿尔伯特。华生也是由这个实验得出结论：婴儿的恐惧是通过后天习得的。

实验三：恐惧与知觉模式有关。

1946 年，希伯（Hebb）进行的实验中，让一组黑猩猩能看见其他黑猩猩，另一组则看不见。之后，他拿出一个石膏制成的黑猩猩头像，发现第一组会感到害怕和愤怒，第二组则无动于衷。希伯认为，第一组黑猩猩的视觉模式中，黑猩猩应该包括完整的头部、四肢和身体，当他们只看见头部时，认为这是不完整的，与原有的经验不符合，由此引发了恐惧。

不同年龄的不同恐惧

随着孩子的年龄增长、知识经验的丰富和认知能力的发展，不同年龄段的孩子所害怕的事是不尽相同的。

华生的实验及研究发现，怪而大的声音和身体突然失衡是婴儿天生就害怕的，而其他的恐惧都是后天习得的。尤其是悬空的感觉，我们其实并不陌生。除了埃莉诺•吉布森（Eleanor Gibson）经典的实验以外，其他针对婴儿深度视觉的实验也发现，婴儿大约 6 个月时开始对高度产生恐惧，甚至有孩子从 2~3 个月起就表现出对高度的恐惧。所以婴儿在洗澡时会哇哇大哭，并非因为孩子怕水或者讨厌洗澡，而是因为脱光衣服被托起时，会出现没有支撑的悬空感，从而使小宝贝因为害怕而放声大哭。

6~12 个月的婴儿，害怕疼痛或者照顾人的负面情绪等。这个阶段的孩子开始认识和了解父母，或者其他亲密的照料人（如老人、保姆等）脸上的表情和肢体动作。因此，如果当他所信赖的人表现出担心、焦虑、害怕等负面情绪时，也会使孩子变得恐惧。典型的情况就是从 6 个月开始，有的孩子变得“认生”了，有时候好容易带孩子回趟老家，结果孩子哭喊着不让老人抱，这会让老人非常伤心。事实上，孩子更多时候是观察父母对陌生人的反应：如果父母表现出爱理不理、冷漠、生疏等表情和肢体语言，那么孩子就会感到恐惧。

1~2 岁的孩子，害怕分离和某些具体的事物。这段时间是孩子分离焦虑最严重的时期。他们害怕和妈妈或者其他关系亲密的照料人分开，当妈妈去上班，甚至只是暂时离开客厅去洗手间时，孩子都会大哭大闹。与此同时，他们也开始害怕一些具体的事物，例如大人可能觉得很好笑的小丑等。在《头脑特工队》里，深藏在莱利心中的恐惧之一，就是生日聚会上的小丑先生。与此同时，孩子从 1 岁开始，逐渐形成自我意识，在此期间，他开始学习说话、做事，并希望自己能像大哥哥、大姐姐甚至成年人一样独立完成很多事情。显然，受制于身体发育阶段的特点，他不可能做到。此时如果父母或者照顾人给予太大的压力，就会让孩子变得恐惧。他们害怕自己的想象，并受到父母反馈的影响。孩子从 2 岁开始逐渐能理解和思考一些抽象的事物，甚至对衰老、死亡等也会有一些初步的理解。这时候孩子也许会害怕黑暗中的影子、想象中的怪兽(比如大灰狼)，这也是孩子“怕黑”的开始。

3~6 岁孩子的害怕主要来自于新的环境。从家庭的庇护下走出来，到幼儿园上学，可能会遭遇同龄甚至大孩子的嘲笑、欺辱、身体上的攻击。

即使没有上述情况，也可能不适应新的环境。孩子走出家庭以后，与小朋友交往成为他们重要的心理需求之一，如果无法顺利进行，就有可能让他们对于人际交往和新的环境感到恐惧。

孩子的胆小，可能源自成人的不当行为

有的妈妈说，孩子从奶奶家回来以后，突然就怕黑了，不敢自己上厕所了。问题也许就发生在孩子待在奶奶家的这段时间。萌妈自己从小就听过“狼外婆”的故事，说是如果不好好吃饭，晚上睡觉的时候，狼外婆就会卡嘣卡嘣地把小姑娘的脚趾头一根一根嚼碎吃掉，以至于萌妈到现在一想起来还会不寒而栗。回想起来，当时的自己因为害怕而变得好好吃饭，而家长就以为这是一种“简单而又行之有效”的办法，却不知对我造成的心理阴影。事实上，我们这一代人几乎都对某些教育类的恐怖故事耳熟能详：撒谎就会长长鼻子，独自走夜路会遇到不干净的东西，再不听话就把你嘴巴剪了，不好好写作业就让老师收拾你，等等。甚至，有时候孩子害怕爸爸也并非因为爸爸真有多暴力，而是在家看孩子的老人或者妈妈会搬出爸爸的名义，告诉孩子说，等爸爸知道了会狠狠揍你。

有的家长或长辈甚至会出于“好玩”的心理吓唬孩子，例如利用打雷闪电等吓唬孩子、模仿动物大喊大叫吓唬孩子、故意在孩子附近突然放鞭炮等，都可能让孩子感到害怕。

直接照料人对孩子的影响是巨大的，如果爸妈都恐高，孩子也可能恐高。这是因为孩子不但能通过条件反射学会害怕，也会通过直接的观察和模仿学会害怕。

经常看到公园里的孩子跌倒时，老人惊叫着冲过去大喊：“宝宝，没

事吧，啊？疼不疼啊？我给你吹吹，啊，不疼不疼不疼……”孩子如果摔得不太疼时，也许根本不会哭泣，但是大人的行为让孩子认为：原来摔倒是一件这么重大的坏事；再之后，孩子可能摔倒以后哇哇大哭，非但不能自己爬起来，甚至连大人抱起来时还继续哭泣。

当然，孩子看一些恐怖片、打斗片，甚至只是天灾人祸的恐怖画面的电影、电视时，也会因为受到恶性刺激进而感到害怕。

如何应对孩子的恐惧

对一切都无所畏惧的人，要么很勇敢，要么很天真，而后者的比例显然更多。《论语》里曾记载了一则小故事。子曰：“道不行，乘桴浮于海。从我者，其由与？”子路闻之喜。子曰：“由也好勇过我，无所取材。”

孔子说，如果有一天无法推行大道，将乘船游荡于海中。跟随我的人，大概就只有子路了吧。大家都知道，孔子最推崇的弟子，其一是颜回，然后是子贡，子路向来都排不到前三。现在孔子这么一说，子路当然开心了，以为自己是孔子最后的依仗了。结果孔子又说道：这是因为子路有匹夫之勇，这是不可取的。

孩子会恐惧是正常的，毕竟这种情绪能让他们免于伤害。但是，如果孩子的恐惧已经影响了正常的生活习惯乃至性格，我们仍然有必要予以应对。通常来说，有以下四种方法。

方法一：系统脱敏法

将恐惧分为几个等级，一步一步来。可以用图片、语言等方式向孩子展示不同的恐惧程度，并要求孩子进行具体的想象。有的孩子害怕在黑暗的房间里睡觉，那么家长可以逐步减少房间的照明度，直到孩子完全适应关灯睡觉。

方法二：形象塑造法

如果孩子所害怕的只是自己的想象，那么让这种想象具象化以后就能找到应对的办法。有的孩子害怕小狗，可以让孩子看一些可爱的小狗图片，给小狗起名字，对孩子讲述小狗的故事，让孩子了解小狗的特点，认识小狗，慢慢地就不再害怕了。又比如有的孩子怕黑，可以以画画的形式，让孩子画出自己所害怕的黑暗中的怪物（或者让孩子描述，由父母画出）。在绘画的过程中，父母可以将其形象美化，讲讲“怪物也许也害怕你呢，怪物是不是也要上学啊？他们是不是也需要睡觉？”之类的故事。在此推荐皮克斯（Pixar）一部旧作《怪兽公司》，3 岁以上的孩子看完以后，和他们一起探讨，也许会有意想不到的效果。

方法三：讲述科学道理

孩子的恐惧可能是知识和经验的缺乏，此时告诉他们一些科学原理即可。例如孩子害怕打针，主要是因为害怕疼痛，那么先告诉他们，打针确实会有一点疼，允许他们难受的时候咬紧牙齿或者抱紧妈妈，但是打针以后可以预防或治疗疾病。孩子提前有了思想准备，打针时就会好很多。又比如孩子害怕打雷和闪电，父母可以温柔地告诉孩子，这是自然现象，甚至可以带孩子去科技馆观摩，或者从科普读物上了解这一现象。顺便告诉孩子，打雷闪电时的一些注意事项，不仅能缓解孩子的害怕，也能帮助孩子避开危险。

方法四：避免刺激法

孩子产生恐惧情绪，有可能是因为一些意外。例如摸野猫的时候被抓疼，从此就害怕猫；从椅子上摔下来，从此就害怕高处等。同时，一些不良影片和内容的刺激，也会引发孩子深深的恐惧感。因此，我们需要注意在平时就保护孩子、教育孩子，避免意外情况的发生，避免给孩子幼小的心灵留下心理阴影。

突然黏人 

突然黏人的宝宝可能是到了分离焦虑的阶段，但也可能是由于其他具体的原因导致的。有一次，一位爸爸说，他家孩子一踏出小区门，就一定要他抱，并且怎么说都不愿意从爸爸怀里下来。真是令人奇怪！

孩子“突然的行为变化”是有蹊跷的，表现在：时间方面，小的时候很少要求抱，最近 1 个星期总是要抱；空间方面，出门要抱，放学要抱。通常来说，孩子突然的行为变化，可能不是“普通地求抱抱”，而是最近某些经历，从而改变了行为。

受到言语的惊吓

“外面有坏人 / 恐怖生物，会把你抓走。”这可能是很多家人 / 老师习惯用来吓唬孩子，希望孩子听话、不要乱跑的常见说法。令孩子一出门就很害怕，感到紧张。

“外面有很多坏人，只有家里人才会对你好。”这种说法也很常见，强调“家人”和“外人”不一样。所以一旦到了家以外的地方，孩子就会缺乏安全感，希望被保护。

“再这样，爸爸就不要你了。”这种话可能来自爸爸自己，也可能来自家里的其他人。当孩子害怕失去爸爸时，就会产生过度的依恋，想一直赖着爸爸，害怕爸爸消失。

受到新闻和故事的影响

孩子可能从成人口中获悉了一些社会新闻，因此变得很害怕。来自电影、电视、动画、游戏等媒体内容，包含了欺负小孩子的画面和情节，也可能让孩子感到害怕。

可怕的场景

孩子可能曾经目睹遇到了一些可怕的场景，例如几棵形状怪异的树或者小丑贴画，一些成年人激烈争执的场景等。

生活中的重大变故

搬家 / 转学：来到新的环境，对陌生环境和陌生人感到焦虑，因此会希望和亲人多多待在一起。

新添家庭成员：比如小宝宝降生，或者老人搬到家里以后，都会让父母和孩子的关系出现变化，孩子发现父母在自己身上投入的时间精力少了，也就会开始寻求过度关注。

其他亲朋重病或去世：孩子经历了离别，也会对生病和死亡感到害怕，此时会更依恋家人。

遭遇欺凌或忽略

在遭遇欺凌和威胁后，孩子害怕遇到欺负自己的人，也容易让父母抱。

这种情况可能同时出现“不想出门”“不想离开小区”等行为。

被忽略

比如爸爸前段时间出差了，或者忙于加班忽略了孩子，这种情况下，孩子可能会更多地依恋爸爸。

衣物不合适

嗯，没错，衣物不合适也可能会让孩子不愿意走路了。宝宝在家里走动可能相对少，或者玩起来也没意识到疼痛，家里有拖鞋或者光脚——一旦要开始漫长的步行，孩子可能就会觉得衣物不舒服了。一般来说，给孩子选购鞋子需要买内长比脚底实际长度多 1~2cm 的鞋子，否则孩子跑动起来就容易磨脚、不舒服；而给孩子买的裤子不要勒肚子，衣服不要过紧、过热等。

有过愉快而难忘的经历

如果孩子偶然累了，爸爸抱过一次，并享受了亲密的父子时光后——孩子会留恋这样的相处方式，也会要求爸爸抱。比如爸爸平时陪伴得比较少，所以孩子更珍惜这样的亲密时光。

孩子突然要求抱的行为背后，可能有多种原因，我们可以采取以下方式来排查原因：

首先，家长自查。有没有说过吓唬孩子的话？最近家里是否有重大变故？是否最近和孩子相处时间少，或者有出差等离开？是否有过让孩子难忘的抱起来的经历？

其次，检查孩子。身上是否有无法解释的瘀青、伤口；鞋子、裤子、衣服是否合适或者有所磨损或者过紧？

如果都排除了，可以和孩子玩“扮演游戏”。选择一个让孩子感到安全的环境，例如家中的卧室等，然后开始游戏：

游戏一：爸爸来扮演不想自己走的孩子，孩子来扮演爸爸。爸爸一再要求孩子出小区抱、放学抱，看看孩子是如何安慰的。

游戏二：爸爸扮演孩子，孩子扮演其他家人，看看他们说过什么。

游戏三：爸爸扮演不愿意出门的孩子，说怕，让孩子来劝爸爸出门。

游戏四：爸爸扮演孩子，让孩子讲述一个“吓人”的故事，听听孩子怎么说。

孩子也许不会表达，但是却能将自己印象深刻的话语、动作和事件表现出来。注意在游戏时，不要有“诱导性提问”，也不要做出太夸张的表情或语言回馈，避免孩子过度发挥，反而容易离真相越来越远。

找到了原因，再来对症下药地解决问题，就会真正地解决问题，而不是将其视作正常的分离焦虑，从而忽略可能存在的隐患。

不让上班

有位妈妈说，每天早上 3 岁的孩子总是不放父母去上班，于是她跟孩子说：“爸妈上班挣钱给你买好吃的和玩具。”

可是 3 岁的儿子说：“我不要好吃的和玩具，我就要你陪我。”

妈妈说：“可是爸妈不上班就没有钱吃饭，住房子了。”

谁想到，孩子拿出他的储蓄罐把零钱全部倒出来，对妈妈说：“我有钱，我都给你，你别上班了陪我吧。”

孩子不让父母上班，希望父母陪伴，我们该如何和他沟通呢？

孩子的一片赤子之心，真是令人感动！

我家小乖 3 岁、小萌 5 岁时，他俩都进入了幼儿园，我已经不需要在家 24 小时值守了，于是有天出门我跟他俩商量：“妈妈以后白天出去上班行吗？”

本来，我满以为他们会依恋、不舍、反对、抗议，谁知道小萌突然走向我，一边说话一边冲我竖起来大拇指：“好呀，只要你能赚很多钱就行！为你点赞！加油喔！”

3 岁的小乖也跟着起哄，手舞足蹈地说：“妈妈，赚钱！加油喔！”

他俩这反应也是让我心里一凉。难道在孩子们心中，我只是一个没有感情的赚钱机器吗？当天晚上（我还没来得及出去工作呢），我有一篇稿子要写，就没有给他俩讲睡前故事。结果小萌躺在床上，眼泪汪汪看着我说：“妈妈，你工作怎么这么辛苦啊！要不你还是别去工作了吧，咱们少赚点钱也行，重要的是家人之间的相互陪伴！”说好也是他，说不好也是他——总之他说什么都有自己的道理。

为什么在同一天内，小萌对我要去上班这件事，前后的态度反差如此之大呢？原来，当我的工作影响了对他的陪伴时，他就坚决反对；相反，如果白天我去上班、他去幼儿园，各忙自己的事，我的工作没有对他的日常惯例产生影响，他就很支持我。

所以，当孩子说出“爸爸妈妈你们不要去上班，在家陪我吧”的时候，我们需要反思的是平时是不是总有人有意无意地向他灌输以下观点：“你去幼儿园，是因为爸爸妈妈要上班赚钱，没有人能在家带你。”显而易见，这种观念容易让孩子受挫和沮丧，认为对父母来说，工作比自己重要。

如果在他平时生活中，爸爸妈妈回家以后经常捧着手机、对着电脑说自己在加班；跟别人打电话的时候对他的要求不管不顾，并且要求他别打扰自己说正事；早早催促他睡觉，流露出想要早点把他哄睡、自己好脱身的情绪等，更会让他强化这一观念：原来在爸爸妈妈眼里，工作赚钱比陪我更重要。一旦给孩子造成了这样错误观念，就会让他开始追求错误目的，比如出现有意无意的行为问题，以寻求父母的关注等。

3 岁的孩子刚进入幼儿园。在我们来看是人生一小步，但其实是孩子人生的一大步——这标志着他开始离开小家庭进入大集体，从自我中心变成社交合作，也离父母越来越远了。我一直觉得这种分离焦虑是正常的，没什么大不了的，直到上周小乖每天放学后都和我玩“去上幼儿园的游戏”。在这个游戏里，我们用玩偶摆出入园排队检查体温的孩子，接受检查后，还需要在教室门口排队接受口腔检查，随即就是分离时刻。

“爸爸拜拜，我去幼儿园了！”我试图模仿他入园的样子。

“不对，你不能这样。”小乖认真地跟我说：“你要哭。”

“呜呜呜呜，我不要去幼儿园，我要爸爸妈妈！”我模仿他哭泣的样子。

“可是”，小乖认真地对我说，“没有爸爸妈妈了。”

那一瞬间，我的心里猛地一沉，突然有些理解那些分离焦虑的孩子们——在他们眼里，父母是天、是地；可现在，他们需要来到新的环境，能庇护自己的父母却不在。就在我陷入自己的情绪时，小乖突然打断了我：“等到放学，爸爸妈妈就来了。”

“幼儿园里，还有其他很多好玩的、好吃的，还有刘老师，她很喜欢你喔！”

顿时，我觉得自己被治愈了。

如何减轻孩子的分离焦虑，大致是从以下几方面入手。

减轻陌生人焦虑：尽快熟悉老师，帮助孩子注意到某个幼儿园的朋友；减轻陌生环境焦虑：开学前带孩子熟悉幼儿园，放学后允许孩子在幼儿园院子里再玩一会；给予重逢的期盼：放学后妈妈就回来接你，还会给你带来神秘礼物；平时给予足够的陪伴，多肯定孩子在幼儿园获得的小贴纸、表扬信，聊聊开心快乐的经历等。

但将我家两个孩子陆续送入幼儿园后，关于分离焦虑，我又多了一些新的感悟：孩子上幼儿园是因为他已经成长到足够的年龄，而不是因为爸爸妈妈要上班，没时间陪你。我们可以为3岁的孩子树立“幼儿园很好玩、足够大的孩子才有资格进入幼儿园”这样的观念。

在幼儿园里，孩子能尝试很多新奇的玩具和游戏，还能交到好朋友，学到有趣的知识。所以，上幼儿园本身是孩子自己的成长，不是因为爸爸妈妈没空管你才把你丢进去。

提供放学后的用心陪伴。和孩子见面时间少了，就要重视相处的质量。尤其在孩子入园初期，可以安排一些特别时光：爸爸妈妈单独陪着孩子，一起读书，一起出门买东西等；周末全家定期去动物园、亲子场所等；回家以后、出门之前设置固定的流程（routine），一步步将孩子的行为自然引导向下一事项。如果这样做好了，孩子依然有很重的分离焦虑，那么我们可能需要考虑孩子在幼儿园是否有不愉快甚至可怕的经历。

至于孩子提出的问题，也是他学习和成长的好机会，我们可以尝试教给他：生活日常开销也许够，但努力工作能让我们出去玩，买好吃的零食等；工作不仅是为了赚钱，也能帮助别人，这是金钱所换不来的意义和价值；感谢你为家里做出的贡献，妈妈很感动，我们还有其他共同建设家庭的办法，例如晚上回家以后，我们可以一起做家务等；妈妈、爸爸和你处于人生的不同阶段，现阶段我们各自有着不同的努力目标，现在妈妈爸爸的目标是努力地工作赚钱，而你的目标则是好好地学习和成长，我们都是在以不同的方式为家庭做出贡献；甚至，我们还可以开玩笑地说："总不能你代替妈妈爸爸去上班，妈妈爸爸代替你去幼儿园吧？"

足够好的陪伴，才有足够好的分离。这种分离，不是因为爸爸妈妈要工作、不要你了，只是我们有不同的人生阶段、不同的努力方式，但毋庸置疑的是，我们都在共同为咱家尽自己的一份力！

不愿睡觉 

孩子不愿睡觉是分月龄的，我们以 1 岁为界，分两阶段来谈。

0~1 岁

帮助 0~1 岁的孩子顺利入睡，更偏向于“喂养”话题，以下这些来自美国儿科学会的建议可能会帮到你。

让孩子舒缓地入睡。

可以采用轻柔的摇晃，或让孩子吸吮手指，或吮吸安抚奶嘴等办法，帮助孩子放松和舒缓，以便更好地入睡。需要注意的是，不要让孩子边睡边吸装有含糖液体的奶瓶以帮助入睡。绝大多数液体里的糖分会促进细菌繁殖进而引起蛀牙，尤其严重的是，含糖的食物残渣在宝宝的嘴里滞留一整夜，可能导致蛀牙，也被称之为“奶瓶龋齿”。更为严重的是，由于口腔液体，哪怕是水，都可能通过口腔进入咽鼓管，从而进入喉咙和耳朵，并由此引发耳部感染，例如中耳炎等。

在孩子清醒时给予积极关注。

在孩子还小的时候，需要父母的及时回应和关注以获得平静和安全感。因此，在孩子清醒时给予足够多的关注，例如多抱抱他，以及及时对他所显露出的信号予以反馈，将避免使其行为恶化或强化一些不良的习惯。

留意孩子困倦或疲劳的迹象。

在前几个月时，可以遵循“困了就睡”的原则，以免哄睡的时候孩子已经过了困劲儿，或者压根儿还不困。父母还需要多多关注宝宝开始犯困的线索，这会让我们更容易了解宝宝目前的状态，进而解决孩子的睡眠问题。

1~3 岁

对 1 岁以上的孩子来说，帮助他们独立入睡的要点包括以下几个方面。

建立睡前规则。

正如起床后的生活常规（routine）能让孩子顺利开始一天，睡前规定的流程，也能避免孩子对睡眠的抵触，例如：每天都在同样的时间让孩子入睡，能让孩子建立生物钟，意识到该睡觉了；睡前可以给孩子读一读书，一起听听安静舒缓的音乐，或者给孩子洗个澡。有的家长平时工作比较忙，下班之后希望能陪孩子玩一会儿；但是，如果孩子睡前玩得太兴奋，有可能加剧他对睡觉的抵触情绪；如果孩子感到身心愉悦，可能会更好地入睡。有的孩子在睡前也许希望喝一杯水，点一盏灯，或者留个门缝；避免哄睡。如果你总是在孩子的床上陪睡，一旦他习惯后，就难以独自一人睡着。

允许孩子带着喜欢的玩具或物品入睡。

允许孩子带着他喜欢的东西上床睡觉，例如一只泰迪熊、（对他来说）特别的小毯子，或者其他孩子心仪的玩具。这些东西通常会帮助孩子更好地入睡，尤其当他们在半夜醒来时，看到这些玩具会有助于再次入眠。但是，父母需要确保这些玩具是安全的：检查玩具是否会掉落纽扣等小零件，以免孩子被噎住，玩具内部的填充物也同样可能带来危险。

避免陷入权力争夺的旋涡。

我不赞成“放任孩子哭泣，一会儿他就知道没人会来，就会好好睡觉”的所谓哭声免疫睡眠训练法——这种方法可能造成孩子的一些心理疾患。

实际上，我们可以做这些事来帮助孩子养成独立入睡的习惯：每当孩子哭着不睡时，都温和地提醒他，现在该睡觉了；躺在旁边装睡，允许孩子在床上站立或者采取各种吸引你的姿势，忽略他的这些“小丑行为”，鼓励他做得好的细节，例如“今天你居然乖乖躺下睡觉了？真是太令人惊讶了！”从而将他的行为引导向我们所希望的方向；平时允许孩子做一些事，避免他以“拒绝睡觉”的方式来争夺权力；对 2 岁以上的孩子，可以让他理解好好睡觉的重要性，例如有的游乐设施一定要达到身高标准才能去玩，而长高的办法之一就是好好睡觉等。

睡前交流。

有时候，孩子之所以磨蹭着不去睡觉，而借口上厕所、喝水，是因为他们察觉到了父母急于摆脱他们的心情，从而在寻求归属感时受到了挫折。这时候，不妨将 5~10 分钟的“睡前交流”列入入睡常规中。让孩子说说今天开心的事和伤心事，父母也将自己的快乐和悲伤适当分享给孩子，这能让双方建立起情感联结。这样的交流时光也会让孩子感到自己被倾听、参与分享，从而产生归属感，变得平和起来，并愿意去睡觉。

最后，我们可以试着多给孩子一些时间。帮助孩子独立入睡并不是件轻松的事，而且孩子总在夜间醒来确实让人恼火。但是，父母仍旧需要淡定和温和，尽量理解孩子，毕竟，父母消极的回复不但可能加剧孩子入睡的难度，甚至可能让孩子半夜醒来。

乱抓物品

“为什么每次非得发火了，孩子才听话呢？”

这是很多父母的疑问：明明已经再三强调了，为什么孩子还要和我对着干呢？其实，宝宝心里苦啊：我真的不是故意和你们作对呢！

下午去咖啡店，看见一位身着姜黄色廓形大衣的潮妈带着大概 2 岁的女儿坐在一旁的沙发上，看样子像是在等闺蜜约下午茶。桌上摆着一杯滚烫的焦糖玛奇朵，装在敞口的马克杯里。小女孩大概尝过甜甜的奶油，伸手就去抓杯子。

“不要动！”妈妈一边看着手机，一边轻声说道。但小女孩对妈妈的要求无动于衷，继续动着扭着，想吃杯子里的奶油。

“不要用手去抓！”妈妈的声音大了一点。话音刚落，小女孩就用手去抓杯面上的奶油，然后将蘸满焦糖奶油的手往嘴里塞，还促狭地看着妈妈。

“都跟你说了不要用手去抓，不要用手去抓，你怎么非不听话？”妈妈有点恼怒，待在座位上生气地说：“手那么脏，到时候你肚子痛可别怪我。听到没？不要用手去抓！”谁知，小女孩又一次探手去抓。

这时，妈妈突然暴怒起来，她从座位上站了起来，一把抓住小女孩的手，将她手掌捋平，伸手啪啪打了好几下，小女孩“哇”地一声哭了起来。

“都跟你说了多少遍，不要用手去抓！不要用手去抓！你怎么就是不听话？”

孩子怎么就是不听话？从建议到劝阻再到打手的惩罚，这位妈妈提出了这样的疑问。相信，这也是很多家长的疑问。那么，我们不妨一起来看看几个细节。

细节一：否定命令句

稍微留意一下成人的禁令就会发现，这些句式都是“否定词＋要求”的，但这种句式恰恰不适用于 5 岁以前的孩子——他们只会领会到最后几个词，做出完全相反的事。也就是说：

[不要用手抓] ⟶ [用手抓]

[不许再看动画了] ⟶ [看动画了]

[别乱扔玩具] ⟶ [乱扔玩具]

[不能吃巧克力] ⟶ [吃巧克力]

看起来是不是很傻？但宝宝真的会忽略最前面的否定词。而且，这是全世界宝宝面临的共同难题！

有时候，宝宝真的不是故意和你对着干，他只是太容易忽略最前面的那个否定词罢了。

细节二：动作先于大脑

孩子的动作是先于大脑的——当他从一个完全未开化的小野人渐渐成长为文明社会的一员时，也许理解了接下来要学习的规则，但动作却总是停留在前一个阶段。

最初的时候，孩子的脑回路是 [我想吃奶油] ⟶ [直接用手拿吧] 随后，他们慢慢了解到应该洗手、应该用工具、不要直接用手抓，这时他们的脑回路变成了：

[我想吃奶油] ⟶应该先洗手？ ⟶ [直接用手拿吧]

[我想吃奶油] ⟶应该用勺子？ ⟶ [直接用手拿吧]

[我想吃奶油] ⟶不能用手抓？⟶ [直接用手拿吧]

虽然这时他们的小脑瓜里已经开始有了文明的思考，但身体动作还是沿袭了以前的习惯，直接用手去拿了。他确实听见了你的话、也隐约能记得相关的规则和约束，但身体本能的动作还是更快了一步。

细节三：仅靠语言制止

很多时候我们都会“口头教育”小朋友，因为我们相信孩子是“能讲明白道理的人”。

可是，很多时候即使是成人之间沟通也存在很多问题，更别提只用语言和孩子沟通了。

虽然语言上劝阻了，但身体却一动不动——孩子是很敏锐的，他会感到你并没有真的很在意这件事，他的行为除了获得一些语言反应外，并未受到其他阻碍。因此，他就会继续之前正在做的事。

细节四：未好好阐明规则

一开始阐明规则的时候，这位妈妈只是轻声劝阻，孩子可能都没听到具体的内容，更不认为妈妈是在和自己说话——毕竟妈妈的眼睛看着手机，只用余光瞄着女儿，然后嘴边带出了几句话。虽然她确实向女儿规定了要求和边界，但这种完全不正式、没有仪式感的沟通，孩子也不会放在心上。

既然找到了问题，“怎么说孩子才会听”也就有了答案。

告诉孩子“该做什么”，而非“不要做什么”。例如，可以告诉孩子“拿勺子舀奶油”“先洗手再抓东西”，而不是“不要用手”。

语言引导，动作也要跟上。例如，可以告诉孩子“去洗手”的同时，握住孩子的手，用行动去制止他直接用脏手抓东西的行为。

有仪式感地阐明规则。例如，可以蹲下来，将孩子搂在怀里，平视着孩子的双眼，告诉他什么可以做、什么不可以做；尤其是要在不良行为发生之前，就提前划定边界。

平时养成好习惯。例如，在平时就要制止孩子用脏手拿东西的行为，这些好习惯的养成不是一朝一夕的事情，而是需要家长持之以恒地付出努力。

不爱吃饭 

吃饭是每个动物的本能，父母要做的是把这种天性还给孩子。

不爱吃饭，还是不爱某种食物?

咸淡：孩子的味觉通常比成人更为敏感，对过重的甜、咸、酸、辣、苦都容易感到不适，也就不喜欢这些味道的饭菜。有的孩子在家吃惯了“重口”的味道，吃到幼儿园偏淡的口味，也会不习惯。

对策：1 岁以前不给宝宝添加盐、酱油等调料，1 岁以后尽量让宝宝吃口味清淡的食物。

形状：孩子对食物的偏好总是千奇百怪。也许他们不喜欢吃切块的食物，却喜欢吃切片的食物；也许他们不喜欢吃大块的食物，却喜欢吃小块的食物；也许他们不喜欢吃球形的食物，却喜欢吃手指形状的食物；也许他们不喜欢吃堆在一起的食物，却喜欢吃拼成有趣图案的食物。

对策：从孩子 6 个月开始添加辅食起，就尝试给他们小块柔软的食物，慢慢过渡到便于用手指抓握和啃咬的食物。厨艺好的父母还可以尝试装裱盘子或者拼接成卡通图案。

生熟：生熟对食物的口感影响很大，因此，有的孩子不喜欢吃生的胡萝卜，喜欢吃蒸软的胡萝卜；不喜欢吃炒鸡蛋的熟西红柿，喜欢吃生切的西红柿片；不喜欢吃脆硬的土豆丝，喜欢吃煮到面软的土豆块。

对策：多观察、多尝试，摸清宝宝的喜好。例如，爱吃绵软土豆的孩子，可能也同样喜欢吃绵软的芋头、绵软的南瓜、绵软的炖藕；爱吃脆黄瓜的孩子，可能也同样喜欢吃脆但是好咬的山药条、苹果条、梨条、青笋片等。

口感：食物的口感也会影响宝宝的喜好。有的孩子可能不喜欢吃水煮鸡胸，因为口感比较柴，换成油脂比较多的鸡腿就很爱吃，或者先抓好芡粉再下锅汆水的鸡胸肉也容易接受；有的孩子可能不喜欢吃炒牛肉，因为容易炒得太老太硬，但换成嫩烤牛排就爱吃；有的孩子可能不喜欢嚼不动的西芹外面的粗纤维，换成易嚼的小香芹或者芹菜苗就很喜欢；有的孩子可能不喜欢吃回口苦涩的紫油菜，换成淡味的青油菜就容易接受。

对策：留意孩子喜欢和不喜欢的食物口感，尝试新的食物烹饪方法。

特殊味道：有的食材有特殊味道，例如葱花、姜、蒜、香菜、香椿、罗勒叶，以及作为调料的肉桂、八角、孜然等。有的孩子爱吃丝瓜，但加了很多大蒜炒的丝瓜就一口都不碰；有的孩子很爱吃凉拌黄瓜，但加了很多姜末的凉拌黄瓜就不喜欢吃，正是这个原因。

对策：如果大人偏好某种调料和佐料，建议先把给孩子吃的东西捞起来，最后再添加；味道不太浓郁的食材，可以切碎以后“藏”到煎鸡蛋等食物中。

颜色：几乎所有孩子都很喜欢多彩的颜色，因此在烹饪时，尽量不要将菜炒黑、煮黄，而是保持食物本身绚烂的颜色。

对策：每餐至少给宝宝提供 2~3 种颜色的食材，配色丰富，会让宝宝食欲大增。

不爱吃饭，还是不饿？

时间间隔：如果两顿饭的时间间隔比较短，孩子通常不太饿，就不爱吃饭。即使只是饭前吃了点零食、喝了点牛奶，也可能影响宝宝的正常用餐。有的老人抱怨孩子中午不好好吃饭，其实是因为早上 9 点起床吃饭，12 点不到就开饭，间隔 3 小时，他还不饿；而午饭到晚上 6 点开饭，间隔了 6 个小时，宝宝饿了，当然也就吃得好。

运动消耗：运动以后，宝宝体力消耗大，通常也就吃得更好；出去玩的时候，宝宝接触到的全是新鲜的环境，大脑消耗大，也会吃得更好。我国《3~6 岁儿童学习与发展指南》中要求宝宝日均户外活动 3 小时。户外活动除了能预防久坐不动所带来的问题和风险，还能让孩子动得好、吃得好、睡得好！

个体差异：有的孩子天生胃口小，吃一点就够了。作为父母，千万不要拿自家孩子和别人家孩子去盲目比较，更重要的是看孩子连续的生长发育曲线是否符合标准线的变化趋势，如果是，就不用太过担心。

零食："零食是吃饭的大敌"这句话，也对，也不对。如果零食是高热量、高油、高糖的零食，孩子吃了以后很扛饿，但是摄入的营养物质既单一又不足，确实是吃饭的大敌；相反，如果零食只是"小份的食物"，例如一小块有肉有菜有面的馅饼，夹了金枪鱼、生菜和奶酪的三明治，一小把（非盐焗的）坚果、一小盒酸奶，这类健康的食物，就不要紧。

让孩子爱上吃饭的技巧

通常来说，味道清淡、口感清新、色彩鲜艳的食物通常容易被孩子青睐，在此基础上再增加摆盘，做出孩子喜欢的彩虹、动物、植物等。也可以利用父母津津有味的吃相、赞叹等来增加孩子的预期，让他们有所期待，自然会满怀兴致地尝试。

当孩子越多地参与一件事，越会对这件事产生特殊的感情。在日本，老师们会让学生们在幼儿园里种植各种食物，从种子到发芽，再到照顾植物的成长，并最终采下果实制成食物。小朋友们参与其中，一方面更加感恩自然的馈赠；另一方面也会更加珍惜食物。身处大城市的我们，也许没有机会一起种植所有的食物，但是从采买环节就开始邀请孩子参与，也能培养孩子对各种食物的兴趣。如果有可能，父母可以带着孩子去超市、菜市场、路边的菜摊上挑选新鲜的水果、蔬菜和肉类。与此同时，我们也可以邀请孩子们参与菜品制作过程中相对安全和简单的步骤中，例如：洗菜、挑菜、撕菜、递调料、磕鸡蛋等。

还有一些食物，在进食过程中需要宝宝动手参与，这时，大人千万不要代劳，而是鼓励 1 岁以上的宝宝自己动手。这类食物包括：春卷、烤鸭、春饼、需要舀卤和浇头的面食、拌饭（选择不烫的碗）等。允许孩子参与食物的制作过程，不仅能让他们爱上吃饭，也能锻炼他们手眼协调能力、精细动作发展和多感官的发育。

有趣的是，我们还能借用商家的招数。商家真是太精明了，他们购买大量孩子喜欢的动画 IP 印制在自己的食品包装上，无时无刻不在诱惑着货柜旁的孩子。作为家长，我们也可以用商家的招数来“套路”孩子。例如我家的孩子们很喜欢复仇者联盟，于是我们就告诉他，蜘蛛侠最喜欢吃的就是意大利面，并且在电影中出现相应情节的时候予以强化。又比如我们会告诉孩子，多吃绿色的蔬菜，就可以变得像绿巨人一样强壮。吃紫薯和茄子的时候，我们会假装这些是灭霸，鼓励孩子和我们一起消灭坏人。

不愿洗头

有句话怎么说来着：生活如此多愁，就像给娃洗头。宝宝明明很爱洗澡，怎么就害怕洗头呢？一洗头就哭，那个虐心啊，洗个头简直就像打仗似的！怎么才能顺利给宝宝洗头呢？我想分享几个小妙招，解决宝宝洗头的烦恼。

大多数宝宝都是喜欢玩水的，之所以变得不愿意洗头，可能是有过不舒服的体验。例如：洗头时水溅入眼睛里或是耳朵里；水压太高，刺激得头部不适；水温过高或者过低，导致宝宝被烫或者被冻……这些难受的感觉都会让宝宝害怕洗头。所以，要让宝宝愿意洗头，爸妈们可以尽量做到以下五点。

调好水温水压。不要打开水龙头就洗，记得要先调好适合的水温和水压，再给宝宝洗头。打开喷头后，先冲在自己的手臂内侧试一下。等到水温合适且冲淋时没有刺痛感，就可以给宝宝洗头了。如果家里花洒的水压过高，可以选择用杯子、海绵甚至喷壶给宝宝洗头。

注意洗头姿势。给 1 岁以下的小宝宝洗头，可以让宝宝躺在腿上，托住宝宝头部，面对面给宝宝洗头。注意用手掌护住宝宝的耳郭，将清水温柔地浇在头发上。这种洗头的姿势能让宝宝看到爸妈，并且预知爸妈接下来要做的动作，从而减轻恐惧和不安全感。等宝宝大一点，不方便抱起，可以选择洗头椅。让宝宝躺在洗头椅上，就像我们在理发店洗头一样。

避开眼睛耳朵。洗头时，妈妈注意动作要轻、柔、慢，避免洗发水或者清水进入眼睛或耳朵里。当然，也可以选择儿童专用的洗头帽或者游泳镜，将冲淋而下的水挡在眼睛和耳朵之外，避免给宝宝造成不适。以防万一，推荐大家购买无泪配方的洗发水，即使不小心溅入眼睛也不会造成刺激。

多跟宝宝交流。在洗头的过程中，妈妈们可以多和宝宝交流。例如：水烫不烫啊？妈妈洗的舒服吗？洗完头，细菌和灰尘就都被冲掉啦！这些话可以把宝宝将注意力转移到“洗头带来的好处”上，宝宝也会慢慢忽略不适感，更加配合妈妈。

游戏让洗头变得有趣。推荐大家两种洗头游戏：一种是模拟洗头游戏，一种是在洗头时玩的亲子游戏。模拟洗头的游戏就是和宝宝模拟洗头的过程。家长可以先给宝宝洗，再鼓励宝宝给自己洗，或者让宝宝给玩偶洗等。在模拟的过程中，向宝宝解释每一步都在做什么、为什么这么做，有助于减轻宝宝对洗头的恐惧和抵触。也可以让宝宝拿着洋娃娃，给洋娃娃模拟洗头。游戏让洗头变得有趣，宝宝自然就不会那么害怕洗头了。

我知道你担心什么——如果孩子不爱洗头，怎么说他可能都不爱洗头，这是因为过往的不适经历让她不愿意尝试。在亲子关系足够好的家庭中，孩子也许会出于对父母的信任而迈开这一步；但如果关系不到位，我们可以一步步地来，比如先冲发尾、再一点点冲发根。当新的、舒服的洗头经历让孩子相信洗头不会令自己不适后，对洗头的抵触就会很快改变。

成为亲子沟通大使

小萌 1 岁半时，有次我们路过商业中心，看到门口有个促销员打扮成米奇的样子发放传单。小萌以为那是“真正的米奇”，就开心地跑过去拉着他的大手玩，临走时还屡屡回头，恋恋不舍。

有天晚上睡前，小萌突然说：“妈妈，我好想大米奇啊，你能给他打电话吗？”

“什么大米奇？”

“就是上次和我一起玩过的，比你还高的那个大——米奇呀！”

这可真是难为我了，促销活动已经结束，我去哪里给他找真人大小的米奇呢？还好，虽然买不到“真正的米奇”，米奇的装备还是很容易购买的。在精挑细选后，我下单买了一套“米奇人偶服装”。

三天后，我家收到一个巨大的硬壳纸箱，里面装着米奇人偶服装全部物件。

“妈妈，大米奇什么时候能来啊？我好想他啊！”当晚，小萌又一次提起这事。

“只要你今天好好睡觉，妈妈就给大米奇打电话，邀请他明天来。”

“真的吗？”

“真的。”

“妈妈，是真的、真的、真的吗？”

“嗯，但你得好好睡觉啊。”

小萌看了我一眼，然后迅速地侧身、闭眼、裹好被子，很快就睡着了。

第二天，我老公穿上了大米奇的服装：首先穿上贴身的冰袋（降温用，不然太闷太热），然后依次穿上衣服、裤子、马甲、鞋子，最后戴上巨大的头盔，一只鲜活的大米奇就出现在了次卧！

我陪小萌待在主卧，假装给大米奇打电话：“喂，天哪！是大米奇！好的好的，你都到门口了？！那我去给你开门！”

在小萌紧张又激动的注视下，我慢慢地打开了主卧门——小萌惊讶得一句话都说不出来，只是半张着嘴，痴痴地看着对面跑进来的大米奇。于是，大米奇和“因为兴奋和紧张而小心翼翼”的小萌玩了半个小时，直到我老公再也受不了里面的闷热……

临走时，他灵机一动，说：“小萌，我要走了，我还要去找别的小朋友玩呢。”

“可我还想和你玩呢！”

“那你就好好吃饭、好好睡觉、好好听爸爸妈妈的话，这样妈妈就会再给我打电话，让我来陪你玩喔。”

语毕，他摇摇摆摆地走出卧室，消失在了小萌的视野里。

大米奇“走后”一周，小萌都表现得很好，每天都努力得到我家的奖励小贴纸。

因为我们约定好，只要攒满 20 个小贴纸，就给大米奇打电话，请他来玩。

在接下来的半年里，大米奇一次又一次地来到我家做客，陪小萌玩。

大米奇最近一次出现在我家，是小萌 3 岁半的那个夏天。

“小萌，以后我还会来看你和小乖，但那要等很久很久以后了。”

“不要！为什么呀！”

“因为，以前小萌1岁半的时候还没有太多朋友，对不对？但是，现在你已经有很多很多的朋友，你有小乖、有幼儿园的朋友，对不对？”

“嗯，我和成实、丁丁、小马……都是好朋友！现在我有很多很多的好朋友了！”

“是的！但还有很多1岁半的小朋友，他们还没有去上幼儿园，所以还没有朋友，需要我陪他们玩。”

“可我还想和你玩，怎么办呢？”

“你知道的！”大米奇调皮地一歪头。

“嗯，那我就要好好吃饭、好好睡觉、好好看书、好好上幼儿园、好好收拾东西、好好听爸爸妈妈的话……妈妈就会给你打电话了！”

“是的，以前你攒够20个贴纸，现在你都能数到100了，所以攒够100个贴纸，妈妈就会给我打电话了，知道了吗？”

“嗯。”小萌的眼眶已经红了。

“来抱抱吧！”大米奇伸出双臂，紧紧地拥抱了小萌，然后在他的背后轻轻地拍了拍。

“大米奇”曾经是小萌很重要的朋友。他陪小萌玩，听小萌用变得越来越熟练的表达来讲述自己生活中的故事，和小萌有属于他俩的小秘密，告诉小萌应该做什么、不能做什么。他以小萌喜欢的卡通人物的形象出现，小萌对他有天然的喜爱和亲近。同时，由于他是小萌的“朋友”，和他平起平坐，不同于家长固有的权威，能让小萌对他敞开心扉。

但，随着孩子的成长，小萌已经发现了越来越多的问题。

“妈妈，为什么爸爸不陪我和大米奇一起玩呢？”

“因为，爸爸去上班了呀……”

“妈妈，为什么有时候大米奇离开我家，都不用开门呢？”

“它大概能从窗户飞出去吧……”

“妈妈，为什么大米奇总是知道我的事情呢？”

“因为……妈妈打电话告诉了他……”

更重要的是，小萌开始有了越来越多的朋友，他也需要告别曾经依恋的虚拟人物，参与真正的社交活动，拥有真实的朋友。但大米奇，曾陪他度过很多珍贵的时光。

其实我也曾经扮演过大米奇，就在小萌提问为什么爸爸不陪他和大米奇一起玩之后。老公倒是高兴得很，满以为终于能摆脱闷热笨重的装束了。结果，那次我一推门，小萌就偷偷问老公：“爸爸，大米奇怎么变矮了呢？”

“因为它最近没有好好吃饭、好好睡觉……”

“大米奇，怎么你让我好好吃饭、好好睡觉，你自己又不好好吃饭、好好睡觉啊？”

“嗯……我错了。下次我一定长得高高地再来好吗？”

当时老公的内心喷了一口血：下次还得我来扮！

聪明的爸爸妈妈们，你家孩子，想必也有喜爱的卡通人物吧，对吗？